帯結ばない帯結び2

ayaaya

アンティークの着物、
ドライフラワー。

どちらも時を経てなお
その魅力は変わらない。

私もそうありたいと
今日もお気に入りに、袖を通す。

にぎやかな場所に
にぎやかな色を着て
ビール片手に着物談義。

着物が織りなす縁が
嬉しくて
明日もがんばろう。

あのとき、心を打ちぬかれた。
今は、心を休めに此処へ来ている。

レースの着物も
最初はときめきだった。
今は、まわりと溶け込む
やすらぎの存在。

帯を結ばないことも
もう特別じゃない。
その事実を
噛みしめ味わう。

近くにあるのに、気づかなかった
こんなに素敵な場所、あおぞら。

グリーンとピンクの組み合わせも
いつの間にか、大好きになってた。

好きを大切にしていたら
好きが増えていた。

恋が愛に育つように
帯結ばない帯結びが
みんなのもとへ
届きますように。

はじめに

皆さまにとって、着物はどんな存在ですか？
どんなタイミングで出合い、どんなおつきあいをしていますか？
私が最初に着物に出合ったのは、自宅でお教室を開く「サロネーゼ」という方がいるというニュースを目にして「自分も何かしたいなぁ」と、安易な気持ちで資格を探したところからでした。

そんな私が恋に落ちてしまったのです、ファッションとしての着物を知ってしまったときに。着物だから草履、着物だから長襦袢、着物だから〇〇……が取っ払われた瞬間、

落ちてしまった！
落ちてしまった!!
落ちてしまった!!!

だけど結婚したわけではないので、浮気もします。
洋服も大好きだし、着こなしだっていろんなテイストに浮気できるのが着物。
つまり、私にとって着物は「生涯の恋人」なのかもしれない。

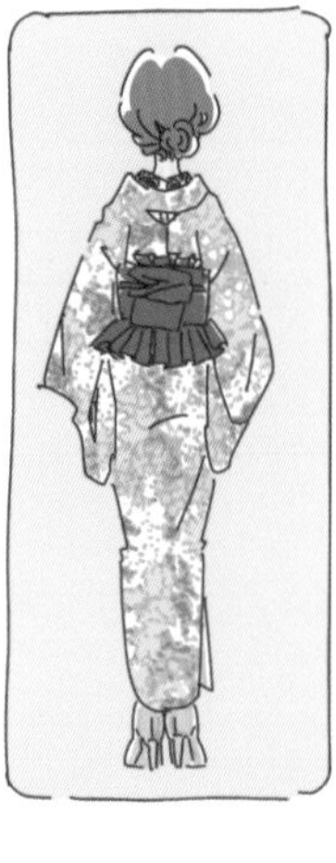

改めて、『帯結ばない帯結び２』を手に取ってくださりありがとうございます。「〝帯結ばない帯結び〟は、半幅帯を半分に折って、巻いてパタパタアレンジして、ベルトで固定する」からはじまりました。おかげさまで多くの方に支持されて広がっていきましたが、単なる流行りではなく、おしゃれの〝手段〟であり、困ったときの〝味方〟だと考えています。

帯結びが難しくて悩んでいる人、それで着物から遠ざかってしまっている人、あるいは着物を着るのがセレモニーだけ、お祭りなどのイベントだけの人……。そんな人たちにこの簡単な方法を知ってほしい、むしろ伝える使命がある、と最近思うようになりました。

結び目がないから、誰もが簡単にできる！
クリップだって留めたままでもよい！
気軽にできるのに、可愛い、そしておしゃれ！

帯結びの悩みが解消されれば、着物はもっと楽しくなる。
着物を楽しむ「超近道」を、ａｙａａｙａがご案内します。

今回も、帯、結ばないよ!!

帯結ばない帯結び2　目次

ayaaya's 推し事

ayaayaだって帯結びます

ayaaya's ひとりごと

※本文中の@～は特に記載がない場合、すべてInstagramのアカウントです。
※帯の特徴にある「出身」は、ブランドや購入店ならびに頂き物などの詳細を記しています。

浴衣の着付けと
アイテム解説

基本

まずは、浴衣着付けの基本アイテムから

浴衣の着付け＆帯アレンジに使うアイテムを紹介します。
さまざまなアイテムを使用してきましたが、
今の段階でいちばんラクでキレイに着付けられるものばかりです。

裾よけ

カラーの裾よけは「キモノの粒」さんのもの。色が可愛くてテンションが上がります

着物クリップ×2

浴衣着付けで２つ使用します。帯アレンジでは、完成後もつけっぱなしにするパターンもあります

腰紐×3

さまざまなタイプを使用。これは真ん中にタグがついているので、目印になって便利です

補正インナー

着るだけで補正もできるインナーを最近愛用中。こちらは「花蝶風月」というもの

「帯結ばない帯結び」用アイテムはこちら

帯板3種

基本

メッシュベルト付き帯板

浴衣着付け＆帯結ばない半幅帯の基本形は、こちらを使用。

ベルト付き帯板

名古屋帯のまわさないアレンジのときは、厚みのあるこちら。「カラフルブティックモア」さんのです

まわりっ子

まわすアレンジのときはこちら。今回はサテン地の面を内側にして巻き、帯板ごとまわす方法に進化！

普通はパイル面を内側に使うけど…
逆向きにするよ！

New! アイテムたち

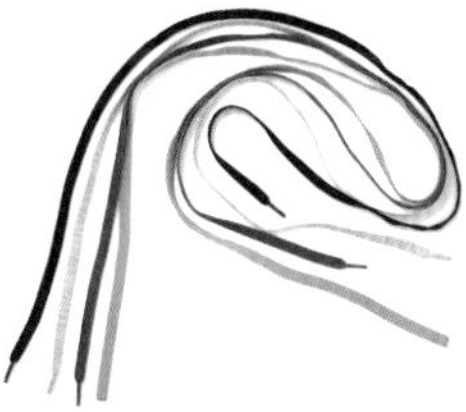

伸びる靴紐

100円ショップで売っている伸びる靴紐は、三重紐や帯締め、隠し紐としても使います

お太鼓止めクリップ

市販のお太鼓止めクリップです。帯のゆるみをふせぎ、完成後も取らないでいいのがGOOD

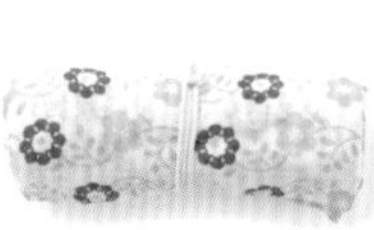

土台まくら

手ぬぐいなどを折って丸め、ヘアゴムで留めたもの。お太鼓系のアレンジに土台として使います

浴衣を着てみよう

浴衣の着付けができれば、洋装ミックスなどのアレンジもできるように。
初めての人でもキレイに着られる方法を、くわしく解説します！

動画はこちら

1

右側

左側

浴衣を羽織る

インナーを着て浴衣を羽織ります。インナーは襦袢でもスリップでも大丈夫ですが、トップス部分がすべりにくい素材のものがオススメです

2

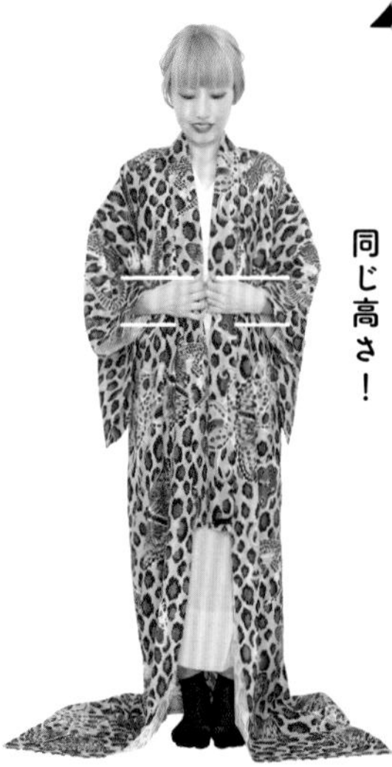

掛衿を揃える

袖を通したら、左右の掛衿（衿が重なっている境い目）の部分を持って、高さを揃えます

3

衿を持ってたぐる

衿先から20cmくらいのところを持ち、手で前身ごろの布をくしゅくしゅとたぐっていきます

4

脇までたぐったところ

ひじを両脇につけたまま前身ごろの布をたぐることで、だんだんと背中側の布が身体にフィットしてきます

5

裾を持ち上げる

脇までたぐった手をゆるめずに、裾をくるぶしの高さまで持ち上げます

6

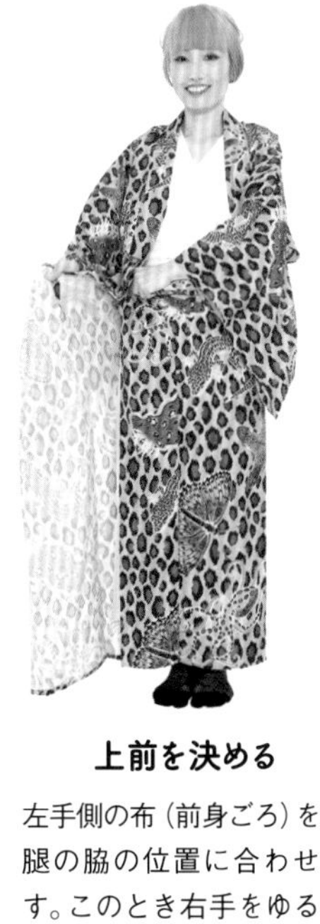

上前を決める

左手側の布（前身ごろ）を右腿の脇の位置に合わせます。このとき右手をゆるめないようにします

7

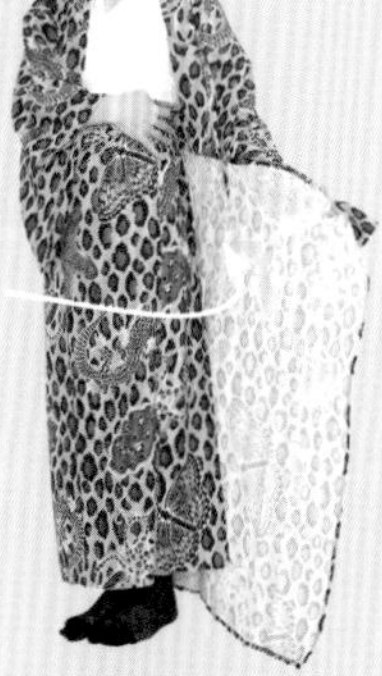

下前を合わせる

6で決めた位置を動かさないように、左手を再び開いたら、右手側の布を体にぴったりとあてていきます。布の端（褄《つま》先）を少し上げるようにして、脇に巻き込むイメージです

8

上前を合わせる

右手はそのままキープした状態で、左手側からぴったりと上前の布を合わせます

9

たるみをなで上げる

合わせた部分を右手でおさえたら、左手で腰まわりの布のたるみをなで上げていきます

10

下前のたるみをなで上げる

合わせた部分を今度は左手でおさえ直し、右手を下前に入れ、上半身部分のたるみをなで上げていきます

14

背中心で締める

両脇から背中へまわし、背中心で腰紐を交差させたら、交点近くを持ちギューッとしっかり腰紐を締めます

15

右腰で結ぶ

腰紐を前までまわしてきたら、右腰でかたく蝶結びします。紐の先は巻いたところにからめて処理します

16

裾を確認

下前の裾が上がっているか確認します。上がっていなかったら右手で衿を持ち、上方向へ引っ張り、裾を上げます

11

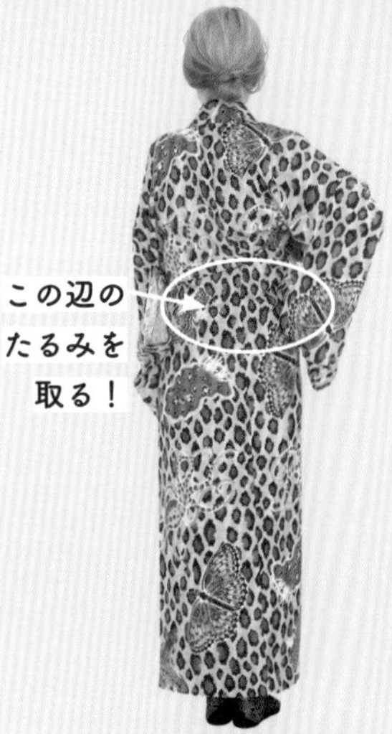

背中のたるみもなで上げる

左手はそのままで、右手で右脇～背中部分のたるみをなで上げます

12

腰紐の真ん中を持つ

左手で合わせた部分をおさえたまま、右手で腰紐の真ん中を持ちます

13

腰紐をあてる

手でおさえていた部分に腰紐の真ん中をあて、そのままおへその高さで腰紐を沿わせていきます

17

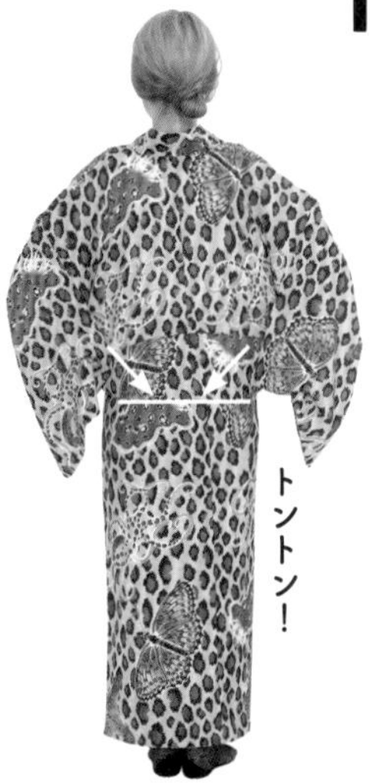

背中側を整える

脇のあな（身八つ口）に両手を入れ、締めた腰紐に沿ってトントンと手刀をきって、背中側をキレイに整えます

18

前側も整える

背中側から脇までトントンしたら、そのまま前側もトントンしていき、布のたるみをとっていきます

19

掛衿の高さを揃える

左右の掛衿を持って高さを揃えます。こうすることで、背中心も整います

20

前を合わせる

両手で左右の衿を持ち、整えたおはしょりのラインでぴったり布が重なるように、左右に引きます

21

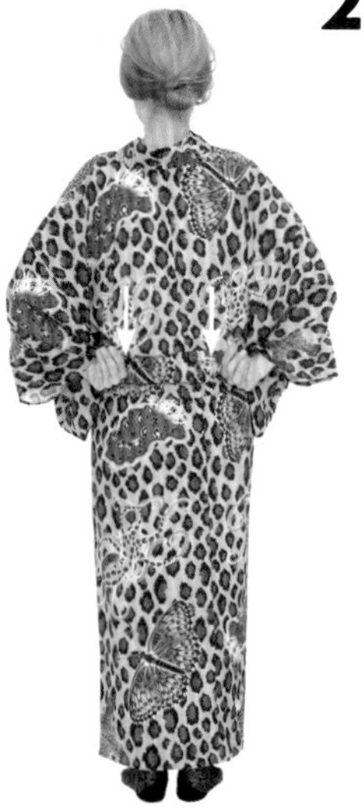

衣紋を抜く

両手を背中にまわし、肩甲骨の下あたりの布をつまみ、衿が肩に沿う位置までそっと引きます

22

横から見たところ

衣紋の抜き加減はお好みですが、衿と首の角度が45～60度くらいが◎

25

胸下に腰紐をあてる

左手でおさえていた部分に腰紐をあてたら、そのままぴったり左胸下まで腰紐を沿わせます。

26

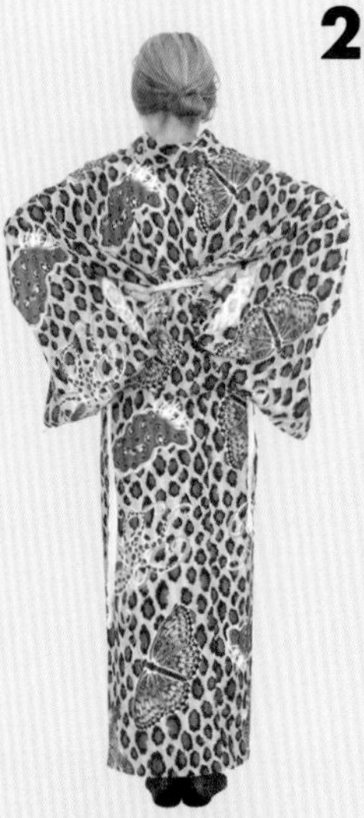

背中心で締める

そのまま背中側まで腰紐をまわしてきたら、背中心で交差させ、交点近くを持ちしっかり締めます

27

前へまわす

締めた手をゆるめないように腰紐を前までまわしてきます

24

おさえて腰紐を持つ

布が動かないように右のアンダーバストの位置で左手でおさえたら、右手で腰紐の真ん中を持ちます

2

衿を上げる

再び両手で左右の衿を持ったら、合わせた交点がずれないように気をつけながら、少しだけ上方向へクイッと持ち上げます

29

背中心を引く

背中のシワをとっていきます。まず腰紐下の背中心の縫い目をつまんで下に引きます

28

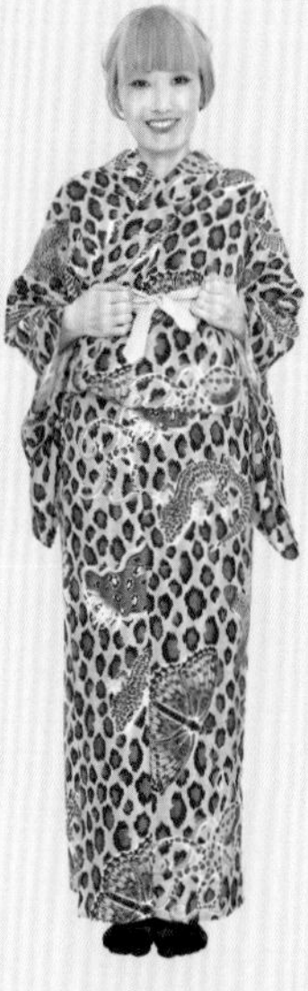

前で結ぶ

前で蝶結びしたら、腰紐の先をからめて処理します

30

シワを脇に送る

腰紐の下に親指を入れて、背中心から両脇に向かって指をすべらせてシワを脇に送ります

31

肩甲骨ラインで引く

さらに両肩甲骨の下のラインを引くことで、シワがとれ、布がしっかり背中にフィットします

33

左は折りたたんで留める

左脇後ろ側のだぶつきは前からかぶせるように折りたたみ、クリップで留めます

34

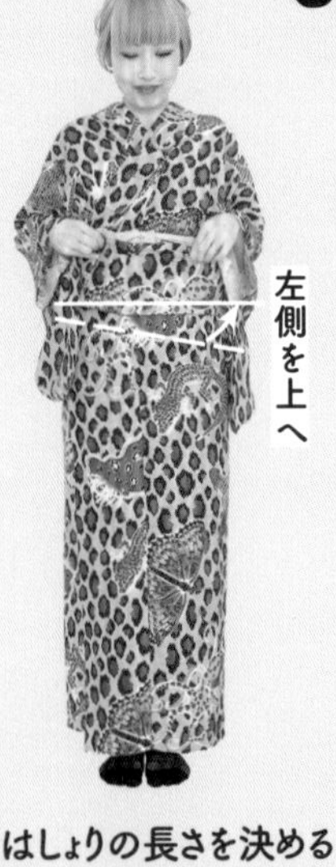

おはしょりの長さを決める

おはしょりの長さを調整します。左側が長い場合が多いので、上に引いてまっすぐなラインにします

3

右の余り布を入れ込む

右脇後ろ側にだぶついている布は、右脇の合わせに向かって入れ込み、戻らないようにクリップで留めます

35

後ろの長さを揃える

後ろのおはしょりは前側より長くなっているので、両手で平らにならしながら前と同じラインに揃えます

36

腰紐で留める

調整したおはしょりのラインが崩れないように、腰紐で留めます。きつくせず、布が動かない程度でOKです

37

帯板をつけたら完成です！

浴衣／「iroca」

着物と思わないで

ブラウスコレクション
単純に好きだけど、
着物にも合わせやすいんです♪

帯すら結ばない 洋装ミックス

あえて〝帯すら結ばず〟に着てみたら、「agris」金継ぎ着物の美しい曲線が際立ちました。足元はロッキンホースで着物袖とのバランスを取りました。

着てみるレッスン

「これは着物」「これは洋服」という思い込みをやめて着てみたら、その服の新しい魅力が見つかるかも？

ブラウス&スカート重ね

普段からスカートの2枚重ねをよくするので、その感覚で上から着物を重ねました。裾が見えるように、スカートは腰ばきにしました。

帯はチーム分けにします

通常は種類別に分けますが、同じアレンジができるものもあるので、今回はチーム分けにしました

チーム半幅

TEAM HANHABA

幅15〜18cmくらい、長さ320〜440cmくらいの帯や布

チーム名古屋

TEAM NAGOYA

片側が細くなっているもので、長さ330〜380cmくらいの帯

チーム幅広

兵児帯・袋帯など幅30cmくらいで、長さ400〜480cmくらいの帯

NEW!

結ばない！まわさない！爆誕！

これまで前のみのアレンジや、後からまわすものがほとんどでしたが、まわさずに前も後ろも盛れるアレンジを考案しました。まわすのが苦手な人や、後ろ姿を華やかにしたい人にもぴったりです♡

発信で広がった〝輪〟

学生の頃、同級生が『Zipper』に載っているのを見てうらやましいと思っていた私。それでも雑誌に載るなんて、別世界のことだと諦めていました。時は過ぎ、着物についてブログで発信をするようになると、新聞や雑誌などから声がかかりはじめ、その頃から「いつか本を出したい！」と思うように。さらにSNSへ発信先が変わり「#帯結ばない帯結び」がバズったことで、まさかの『Zipper』元編集長から「本を出しませんか？」と連絡がくるという奇跡が！こうして『帯結ばない帯結び』が生まれ、今でも多くの方が本や雑誌、そしてSNSで紹介してくださっています。発信を続けることは大変なときもありますが、発信していたからこそ今の〝輪〟が生まれたのだと感じています。

左上から時計まわりに：『きものが着たい』群ようこ（KADOKAWA）、『きもの番長おしゃれのA to Z』松田恵美（祥伝社）、『七緒 vol.66』（プレジデント社）、『ばらいろ着物手帖』ハセガワ・アヤ（ぴあ）、『「襦袢なしでもOK」「普段着にプラス」「帯代わりのベルト」フリースタイル着物コーデBOOK』みさまる（KADOKAWA）

簡単、可愛い
映え確実

チーム
半幅

TEAM HANHABA

1 帯結ばない基本形とアレンジ

まわさない

初めての人はまずここから。帯を半分の長さに折ってから巻くので、あっという間に完成！ さらにアレンジを加えれば、後ろ姿も◎

使うもの

・半幅帯
・帯板
・クリップ1つ
・帯締め
＜アレンジ1＞
・半幅帯（短めがオススメ）
・伸びる靴紐
＜アレンジ2＞
・お太鼓止めクリップ1つ

帯の特徴

特徴：やわらかめ
リバーシブル
全長：約 410cm
出身：「ばらいろ」
@aya_barairo

1 巻きはじめ

帯を半分の長さに折り、輪になっている方を右胸下にあて、右手で長い側を持ちます

2 帯を巻く

右手側の帯を正面までかぶせたら上から帯板にクリップで留め、左まわりに帯を巻いていきます

3 帯を締める

右脇まで巻いたら左手はクリップの脇、右手は右脇で帯の下側を持ち、しっかり締めます

4 もう1回帯を締める

左手はそのままクリップの脇、右手は帯の上側に持ち替えて、さらにしっかり締めます

基本はこのまま進む

5 かぶせてクリップ留め

さらに帯を前までかぶせてクリップを留め直します

6 帯を折り返す

左側の余った帯を少しずらしながら折り返します

7 クリップを留め直す

折り返した部分がずれないように、帯全体をクリップで留め直します

8 帯締めを結ぶ

帯締めをしっかり結んで固定します

9 完成！

クリップを外したら完成です

1 帯結ばない基本形とアレンジ

アレンジ①
後ろに帯追加盛り

帯の特徴

特徴：かたくて短い踊り帯
全長：約340cm
出身：「KI-NA」
@ki_na_shop

アレンジ① 後ろに帯追加盛り

9 の続きから

10 帯をくるくる巻く

基本形完成後、もう1本帯を用意し、手幅2つ分（35〜40cmくらい）の長さで巻きます

11 伸びる靴紐をあてる

巻いた帯の真ん中あたりに伸びる靴紐をあてて、セッティングします

12 帯を背中にあてる

靴紐をセッティングした帯を1本目の帯の上側にあてて、靴紐を前で結びます

13 整えて完成！

帯を左右に引き出して整え靴紐をしまったら完成です。華やかさアップ＆お尻隠しにもなります

アレンジ②
後ろでパタパタ

アレンジ② 後ろでパタパタ

5の続きから

▼▼▼

6 背中で帯を留める

5まで行い、帯をしっかり締めたら、背中心の下側でお太鼓止めクリップを留めます

7 帯を折り上げる準備

左手の甲で帯の下側付近をおさえ、右手は帯より15cmくらい下の部分を持ちます

8 帯を折り上げる

右手で帯の上側まで折り上げたら、左手で上からおさえます

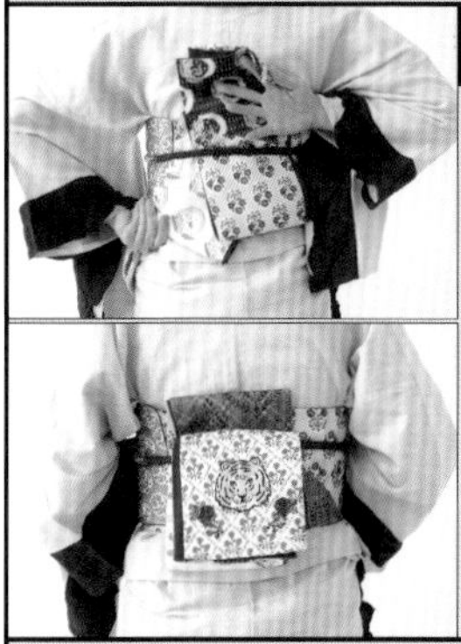

9 帯締めで留める

もう1回繰り返したら（帯の長さによる）、帯締めをあて、前でしっかり結びます

10 完成！

折った部分を両手で少し開いてバランスよく整えたら完成

2 まわさない上フリル

帯をまわさずに完成する、前も後ろも華やかなアレンジ。帯揚げいらずの上フリルがポイントです。

1 巻きはじめ

帯は折らずに右胸下でクリップで留めたら、背中側にまわし長い方を右腕に掛けます

2 前ヒダを作る

左手で帯を折りたたんだら右手でおさえる、を繰り返して前ヒダを作っていきます

3 クリップで留める

5～6ヒダほど作ったら、崩れないように帯板ごとクリップで留めておきます

動画はこちら

使うもの

- 半幅帯
- 帯板
- クリップ2つ
- コートのベルト
  （太めの帯締めでも◎）

帯の特徴

特徴：やわらかめ
　　　リバーシブル
全長：約400cm
出身：「ayaaya's」オリジナル
　　　@ayaayaskimono

4 帯を巻いて締める

ヒダにかぶせるように帯を1周巻いたら、左手はクリップ脇、右手は帯の下側を持ち締めます

5 クリップで留める

前のクリップを外し、背中心の下側でクリップを留め直します

6 帯を折り上げる準備

垂れた帯の上に左手の甲をあて、折り上げる準備をします

7 帯を折り上げる

右手で帯を折り上げます。帯の上側より少し高い位置まで折り上げるのがポイントです

8 折りたたんだところ

帯の長さに応じて2〜3回繰り返し、写真くらいのバランスにします

9 ベルトで留める

ベルトや帯締めを背中側にあてて、前でしっかり結びます

10 前ヒダを整える

前のヒダを広げて整えます

11 後ろヒダを整える

背中側は奥のヒダから左右に広げていき、バランスよく整えます

12 完成!

ベルト上のヒダを自然に下ろしたら完成です。**5**のクリップはつけたままでOK

TEAM HANHABA

3 お太鼓ちゃんII

ますます簡単になった「お太鼓ちゃんII」。結ばないし、帯枕はもちろん使いません。

1 まわりっ子を裏表に巻く

通常はサテン地が表ですが、パイル地側を表にして巻き、最後に帯と一緒にまわします

2 巻きはじめ

半分の長さに折り、2枚に分かれている側を60cmほど折り上げて右肩にのせ、巻きはじめます

3 しっかり巻きつける

1周巻いたら折り返した帯の角に指をかけておさえながら、しっかり巻きつけていきます

使うもの

- 半幅帯
- まわりっ子
  （すべりやすい帯板）
- クリップ2つ
- 帯締め

帯の特徴

特徴：ハリがある
　　　リバーシブル
全長：約400cm
出身：楽天

4 クリップで留める

巻きつけた帯の下側から、まわりっ子ごとクリップで留めます

5 背中側もクリップ留め

残りを背中心まで巻いたら、帯の下側をまわりっ子ごとクリップで留めます

6 垂らして広げる

肩にのせていた帯を垂らして、幅を広げます。幅はお好みですが25 ～ 30cm くらいが◎

7 角を折り込む

折り下げたときにできた角は、帯の上側の線に沿って、まわりっ子と帯の間に折り込みます

8 お太鼓を作る

両手でお太鼓の大きさを決め、帯先（タレ）を残して折り込んでいきます

9 帯締めを通す

折り込んだ形をキープするように、できた輪の中に帯締めを通して背中で仮結びします

10 形を整える

お太鼓とタレのバランスをみながら形を整えます

11 まわりっ子ごとまわす

まわりっ子と帯を一緒につまんで、右まわりにまわします。サテン地が内側なのでまわしやすい!

12 完成!

帯締めを結び直したら、前のクリップを外し完成。帯揚げをすればフォーマルな印象に

TEAM
HANHABA

4 ダブル風船太鼓

風船太鼓を帯の両端に作ってから巻きつけます。あえてふくらませないでシャープな印象にしました。

1 風船太鼓を作る①

帯の端を手幅1つ分ほど残し、直角に折ります

2 風船太鼓を作る②

長い方を下から直角に折り上げます

3 風船太鼓を作る③

長い方をさらに直角に折り上げて端の部分にかぶせ、クリップで留めます。反対側にも作ります

動画はこちら

使うもの

- 半幅帯
- まわりっ子
- クリップ4つ
- お太鼓止めクリップ
- 帯締め

帯の特徴

特徴：化繊
　　　リバーシブル
全長：約415cm
出身：@shinobun_kimono
　　　さんからの頂き物

4 巻きはじめ

風船太鼓を留めたクリップをまわりっ子の上側と一緒に留め直し、左まわりに巻きはじめます

5 1周巻いたところ

風船にかぶらないようにもう1周巻いていきます

6 帯を締める

2周巻いたら、右脇でしっかり帯を締めます

7 お太鼓止めクリップで留める

真ん中まで帯をかぶせたら、帯の下側をまわりっ子ごとお太鼓止めクリップで留めます

8 余りをパタパタ

余った部分をパタパタとたたんでいきます

9 お太鼓位置を調整

もう1つの風船太鼓が帯の高さまでくるように調整します

10 帯締めで固定

下の風船太鼓の裏側に帯締めをあて、動かないように固定したら仮結びします

11 まわして完成！

クリップをすべて外し、まわりっ子ごとまわしたら、帯締めをしっかり結び直して完成です

TEAM HANHABA

5 ダブルカルタ

動画はこちら

定番のカルタ結びの上に、小さなカルタをのせちゃいました♪

1 半分幅の輪を作る

左手側の帯を100cmほど測り、半分幅に折ったら指1本分くらいの輪を作ります

2 折り上げて留める

垂れていた部分を折り上げて、まわりっ子の上側からクリップで留め、残りは肩にのせておきます

3 2周巻いて締める

帯を2周巻いたら、左手はクリップの脇を持ち、右脇でしっかり締めます

4 お太鼓止めクリップで留める

正面までかぶせたら、帯の下側をまわりっ子ごとお太鼓止めクリップで留めます

使うもの

- 半幅帯
- まわりっ子
- クリップ1つ
- お太鼓止めクリップ
- 帯締め

帯の特徴

特徴：やわらかい
　　　リバーシブル
全長：約370cm
出身：@u_shino2014さん
　　　からの頂き物

5 小さいカルタを作る①

肩にのせていた部分を下ろし、手幅分くらいに折りたたみます

6 小さいカルタを作る②

1で作った輪の中に通せば、小さいカルタのできあがり

7 残りの帯を折り返す

残りの帯は一度左胸付近までかぶせてから、逆方向に折り返します

8 垂直に折り上げる

もう一度横方向に折り返したら、センターで垂直方向に折り上げます

9 真下に折り下げる

折り上げた部分を左手でおさえたまま、真下に折り下げます

10 残りを収納する

残りの帯先を折りたたみ、折り上げた部分の中に重ねるようにして収納します

11 帯締めで留める

輪の中に帯締めを通し、折りたたんだ部分が動かないように固定したら、背中で仮結びします

12 帯をまわす

カルタが崩れないようにしっかり脇を上げて、まわりっ子ごとまわします

13 完成！

クリップを外し、帯締めを結び直したら完成です。カルタの上の小さなカルタが可愛い♡

TEAM
HANHABA

⑥ リバーシブルお太鼓

リバーシブルの両面を見せるお太鼓。帯揚げを使うので、ちょっとフォーマルなシーンにもオススメです。

1 巻きはじめ

帯を長さ半分に折り、輪の方が右脇にくるようにして左まわりで巻いていきます

2 帯を締める

1周巻いたら、巻きはじめの輪の部分と、巻いてきた部分をしっかり持って締めます

3 お太鼓止めクリップで留める

センターの下側を、まわりっ子ごとお太鼓止めクリップで留めます

動画はこちら

使うもの

- 半幅帯
- まわりっ子
- お太鼓止めクリップ
- 帯揚げ
- 帯締め

帯の特徴

特徴：やわらかい
　　　リバーシブル
全長：約 400cm
出身：「the blooming season」
　　　※ブランド終了

4 垂らして広げる

巻いてきた側を下向きに垂らしたら、2枚を少し広げます

5 折り上げる

おはしょりのラインあたりから、帯の上側に向かって折り上げます

6 帯揚げを結ぶ

折り上げたところを固定するように帯揚げをあて、背中で仮結びします

7 もう一度折り上げる

残りの部分は5で折り上げたラインに合わせて、もう一度折り上げます

8 帯締めで固定する

できた輪の中に帯締めを通し、背中で仮結びします

9 完成！

まわりっ子ごと背中にまわし、帯揚げと帯締めを結び直したら完成です

7 吉弥結ばない

半幅帯の定番「吉弥《きちや》結び」を、結ばないでチャレンジ。粋な雰囲気を出したい人にオススメのアレンジです。

1 帯を測ってクリップ留め

左手側の帯を60～70cm程度測り、半分幅に折ったら、右脇の帯下側でクリップ留めします

2 巻いて締める

1周巻いたら、左手はクリップの脇、右手は右脇で帯の下側を持ち、しっかり締めます

3 お太鼓止めクリップで留める

帯を正面までかぶせたらまわりっ子ごとお太鼓止めクリップで留めます。1のクリップは外します

動画はこちら

使うもの

- 半幅帯
- まわりっ子
- クリップ1つ
- お太鼓止めクリップ
- 土台まくら
- 帯揚げ
- 帯締め

帯の特徴

特徴：伸縮性あり
リバーシブル
全長：約384cm
出身：@u_shino2014さんからの頂き物

4 下に垂らす

巻いてきた方の帯を下向きに垂らします

5 土台まくらを入れる

土台まくらを帯とまわりっ子の間に上から入れ込みます

6 帯を折り上げる

垂らした帯を帯の上側の高さまで折り上げます

7 帯揚げで固定

折り上げた部分に帯揚げをかけ固定したら、背中で仮結びします

8 帯を斜めに折り上げる

半分幅に折っていた側の帯を斜めに折り上げ、帯先をクリップで留めます

9 垂れている部分を短くする

垂れている部分の帯先を折り返し、帯揚げに挟み込んで帯下20cmくらいの長さに調整します

10 斜めに折り上げる

先に折り上げた部分をくるむように挟み、根元から引き抜くように斜め右上に折り上げます

11 帯締めで固定する

形が決まったら帯締めを通して固定し、背中で仮結びします

12 完成!

クリップを外し、まわりっ子ごと背中にまわしたら、帯揚げと帯締めを結び直して完成です

TEAM HANHABA

8 くるくるり

かたくて短い帯を可愛くしたい！ と考案したアレンジ。しっかり締まるし、ツウっぽく見えるのもお気に入り。

1 巻きはじめ

左手側の帯を80cmほど測り、下向きに折り返してから巻きはじめます

2 締めてクリップ留め

1周巻いたら右脇でしっかり帯を締め、右脇上側をまわりっ子ごとクリップで留めます

3 隙間を空けてクリップ留め

そのまま左側まで帯をかぶせたら、少し隙間を作って左脇上側でもう1つクリップを留めます

動画はこちら

使うもの

- ・半幅帯
- ・まわりっ子
- ・クリップ2つ
- ・帯締め

帯の特徴

特徴：かたい
短め
全長：約350cm
出身：「KI-NA」
@ki_na_shop

4 垂らした帯をくぐらせる

垂らしていた帯を巻きつけた帯の上から隙間にくぐらせます

5 下に引き抜く

くぐらせた帯は下に引き抜きます

6 もう一度繰り返す

同じことを繰り返します。引き抜いた帯を上から隙間にくぐらせます

7 下に引き抜く

下に引き抜きます。少しだけ尻尾のように帯先が出ているとバランスよし

8 余りを巻いて締める

左手側に余っていた帯をさらに1周巻いたら、右脇で引き締めます。左のクリップを外します

9 クリップを留め直す

巻いてきた帯を含めてまわりっ子ごと右脇のクリップを留め直します

10 くるくるの中に通す

残った帯をくるくるした輪の中に通します

11 帯締めで固定

輪の中に帯締めを通し固定したら、背中で仮結びします

12 完成!

まわりっ子ごと背中にまわし、帯締めを結び直してクリップを外せばできあがり

TEAM HANHABA

9 ペンタゴン

五角形のお太鼓みたいな不思議な形。角をしっかり出したいので、かための帯が向いてます。

動画はこちら

使うもの

- 半幅帯
- まわりっ子
- お太鼓止めクリップ
- クリップ1つ
- 帯締め

帯の特徴

特徴：ややかため
ハリがある
全長：約376cm
出身：@u_shino2014 さんからの頂き物

1 巻きはじめ

帯は長さ半分に折り、2枚に分かれている方を60～70cmほど折り上げて右肩にのせ巻きます

2 締めてお太鼓止めクリップ

1周巻いたら右脇で引き締め、そのままかぶせてセンターの下側をお太鼓止めクリップで留めます

3 クリップで留める

残りの帯は背中側まで巻いたら、下側からクリップで留めておきます

4 帯を垂らして広げる

肩にのせていた帯を下に垂らし、上部から広げます

5 頂点を作る

正五角形をイメージしながら指でつまんで頂点を作ります

6 帯をクロスさせる

垂らした帯は真ん中付近でクロスさせます

7 折り上げる

正五角形になるように折り上げます

8 帯締めを通す

折り上げた輪の中に帯締めを通します

9 背中で仮結び

帯締めで形を固定したら、背中で仮結びします

10 形を整える

角がずれていないかなどチェックし、キレイな五角形に整えます

11 完成!

まわりっ子ごと背中にまわし、帯締めを結び直し、3のクリップを外したら完成です

TEAM HANHABA

10 プレゼント

動画はこちら

いくつもの箱が重なる素敵なプレゼント♡　仕上げにリボンをかけて、自分自身をお祝いしましょ。

1 小さいパタパタを作る

帯は半分幅に折り、25cmくらいのパタパタを3つ作ります

2 紐で固定

帯上10cmくらいの長さを取り、伸びる靴紐で固定して、背中で仮結びします

3 巻きはじめ

ヒダをすべて折り上げておさえ、帯の方向を変え、左まわりに巻いていきます

4 2周巻いて締める

2周巻いたら、左手で巻きはじめの位置をつまみ、右手は右脇で下側を持って引き締めます

使うもの

- 半幅帯
- まわりっ子
- 伸びる靴紐
- クリップ2つ
- お太鼓止めクリップ
- 太めの帯締め

帯の特徴

特徴：やわらかめ
　　　リバーシブル
全長：約400cm
出身：「ayaaya's」オリジナル
　　　@ayaayaskimono

5 お太鼓止めクリップで留める

帯をかぶせたら、真ん中の下側からお太鼓止めクリップで留めます

6 箱を作る

垂らした帯を根元から折り上げて、四角い箱の形を作り、クリップで留めておきます

7 横向きに折る

残った部分を根元から、一度横向きに折りたたみます

8 縦に折り上げる

さらに余りの部分を折り上げます

9 クリップで留める

折り上げた上部分をクリップで留めておきます

10 箱の形にする

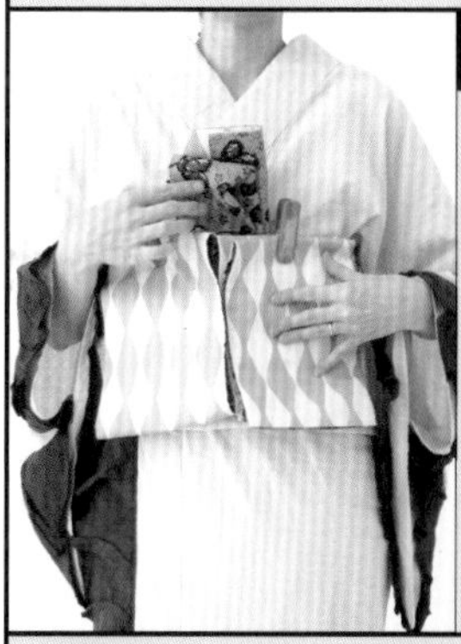

さらに余りを折り上げて箱の形を作ったら、クリップを留め直します

11 リボン結び

帯締めを背中側からあてて、真ん中でしっかりリボン結びにします

12 整える

クリップを外し、上の小さい箱ヒダを開いて、形を整えます

13 完成！

まわりっ子ごと背中側にまわしたら、靴紐を帯の中に隠して完成です

TEAM HANHABA

11 くしゅくしゅギャザー

2段のギャザーがたっぷりの豪華なアレンジ。巻いてから、くしゅくしゅさせるので簡単です。

動画はこちら

1 巻きはじめ

左手側の帯を80～90cmほど測り、肩側に折り上げて左まわりに巻いていきます

2 1周巻いて留める

1周巻いて右脇で引き締め、帯をかぶせてセンターの下側からお太鼓止めクリップで留めます

3 残りを巻いていく

残りをぐるぐると帯先まですべて巻いていきます

4 クリップで留める

すべて巻き終わったら、下側をクリップで仮留めします。

使うもの

- 半幅帯
- まわりっ子
- お太鼓止めクリップ
- クリップ1つ
- 帯締め
- 伸びる靴紐

帯の特徴

特徴：レース×銘仙リメイク帯
全長：約432cm
出身：さか利や

5 帯締めをしっかり結ぶ

帯締めを背中からあてて、前でしっかり結びます

6 ギャザーを作る①

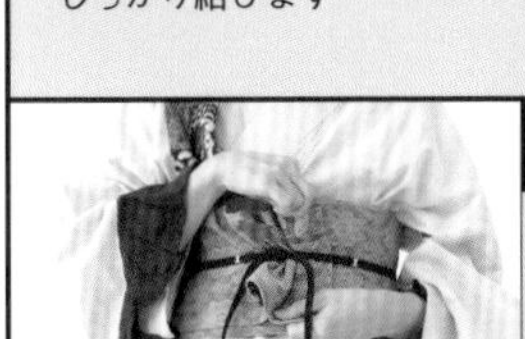

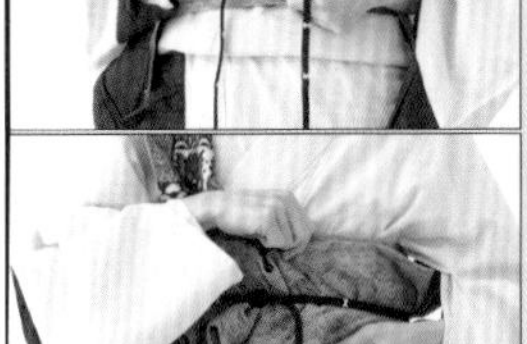

クリップを外し帯先をつまんだら、右方向にギャザーを寄せていきます。1周戻る感じです

7 ギャザーを下げる

できたギャザーを整えながら、少し下方に下げておきます

8 肩の帯を下ろす

肩にのせていた帯を下ろしたら、ギャザー①の上で横向きにしてギャザーを寄せていきます

9 ギャザーを作る②

右手でおさえながら、帯をくしゅくしゅと寄せてギャザーを作ります

10 紐で固定

ギャザーの真ん中あたりに伸びる靴紐をあて、背中側で結びます

11 ギャザーを折り下げる

ギャザー②の上部を折り下げて、靴紐が見えないようにします

12 後ろにまわす

まわりっ子ごと背中側にまわします

13 完成！

帯締めを結び直し、靴紐を帯の中にしまったら完成です。クリップはつけたままでOK

12 横にパタパタ

横にパタパタして形を作ります。レタスの葉っぱが重なったようなボリューム感のある仕上がりです。

1 巻きはじめ

左手側の帯を80cmほど折り上げて、右肩にのせて方向を変え、巻きはじめます

2 帯を締める

1周巻いたら、左手は巻きはじめの部分、右手は右脇で帯の下を持ち、しっかり締めます

3 お太鼓止めクリップで留める

右胸下あたりで、帯の下からまわりっ子ごとお太鼓止めクリップで留めます

動画はこちら

使うもの

- 半幅帯
- まわりっ子
- お太鼓止めクリップ
- 帯締め
- 伸びる靴紐

帯の特徴

特徴：コシのあるやわらかさ
全長：約352cm
出身：@shinobun_kimonoさんからの頂き物

4 横パタパタ①

巻いてきた方の帯を折り返すようにして、横向きのパタパタを作ります

5 パタパタしたところ

30cm くらいの幅で、ややランダムなパタパタにするのがポイントです

6 帯締めで固定

真ん中くらいの高さに帯締めをあてて固定し、背中で仮結びします

7 パタパタを折り下げる

帯締めで固定した上側を下に折り下げます

8 横パタパタ②

肩にのせていた帯を下ろし、パタパタ①より上方で、横向きにパタパタしていきます

9 靴紐で固定

帯の上線の位置に靴紐をあててパタパタを固定し、背中で蝶結びします

10 パタパタを折り下げる

7と同じように靴紐の上側の帯を折り下げます

11 広げて整える

いちばん下のパタパタから順に、横に広げるようにして形を整えていきます

12 完成！

まわりっ子ごと背中にまわし、帯締めを結び直したら、靴紐を帯の中にしまって完成です

13 アシメリボンハコヒダ

リボン大好きさんにはたまらないアレンジ。使う帯によってもイメージがガラリと変わります。

動画はこちら

使うもの

- 半幅帯
- まわりっ子
- お太鼓止めクリップ
- クリップ3つ
- 太めの帯締め

帯の特徴

特徴：やや厚地
綿混紡
全長：約408cm
出身：@u_shino2014 さん
からの頂き物

1 輪を作って留める

帯を半分幅に折り、右胸下で縦に折って帯上側に10cmくらいの輪を作り、まわりっ子に留めます

2 巻いて締める

右手側から左方向に帯を1周巻いたら、左手は輪の脇、右手は帯の下側を持って締めます

3 お太鼓止めクリップで留める

そのまま帯をかぶせたら、右胸下あたりで下側からまわりっ子ごとお太鼓止めクリップで留めます

4 箱ヒダを作る①

お太鼓止めクリップのところから折り返して、箱ヒダを作ります

5 クリップで留める

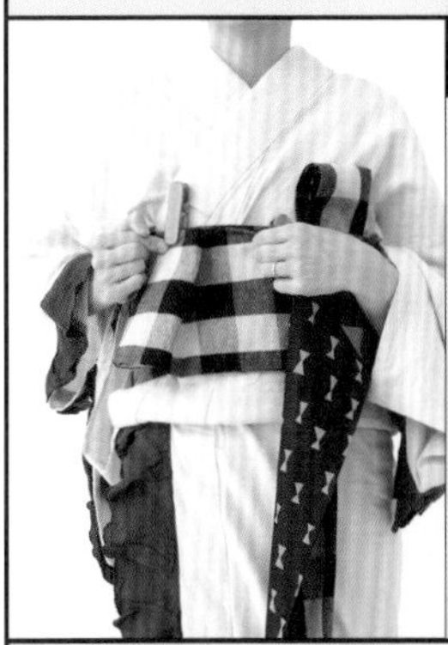

作った箱ヒダは、帯の上側からまわりっ子ごとクリップで留めておきます

6 箱ヒダを作る②

同じように箱ヒダを2つ作り、それぞれクリップで留めておきます

7 残りを折りたたむ

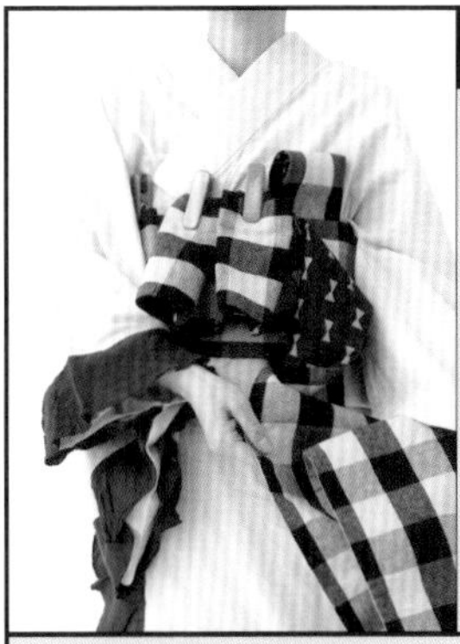

残った帯を帯先から30～40cmくらいの幅で折りたたみます

8 リボンを作る

折った部分の真ん中を谷折りにして、リボンの形を作ります

9 輪に通す

リボンを1で作っておいた輪に、左脇側から通します

10 帯締めで固定

帯締めを前からあてて箱ヒダを固定したら、背中で仮結びします

11 下から引いて引き締める

クリップをすべて外し、帯の下に出ている輪の先部分を下に引くと、リボンがキュッと締まります

12 完成！

脇をしっかり上げてまわりっ子ごと背中にまわしたら、帯締めを結び直して完成です

TEAM HANHABA

14 リボンパタパタ

人気のパタパタも、結ばないでできちゃうんです。パッチワークの帯ならいろんな柄が見せられて楽しいですよ。

1 巻きはじめ

左手側の帯を60～70cmほど測り、折り上げて右肩にのせ、巻きはじめます

2 1周巻いて締める

1周巻いたら、左手は巻きはじめの脇、右手は右脇で帯の下側を持ってしっかり締めます

3 クリップで留める

そのまま帯をかぶせたら、センターで帯の下側からまわりっ子ごとクリップで留めます

動画はこちら

使うもの

- 半幅帯
- まわりっ子
- クリップ2つ
- 伸びる靴紐
- 太めの帯締め

帯の特徴

特徴：やや厚地
綿混紡
全長：約408cm
出身：@u_shino2014さん
からの頂き物

4 肩から下ろしてたたむ

肩にのせていた帯を下ろし、横向きにして体の幅くらいに折り返します

5 リボンの形を作る

折った帯の真ん中を谷折り、その脇を山折りにして、リボンの形を作ります

6 クリップで固定

リボンの真ん中をクリップで挟んで固定しておきます

7 長い方を折り上げる

長い方の帯は下のクリップを起点に、半分幅に折ってリボンの下をくぐらせて折り上げます

8 リボンにかぶせて紐で固定

クリップを外し、上からリボンの中央にかぶせ、その下に靴紐をあてて背中で仮結びします

9 パタパタを作る

残った帯は帯先から30cmくらいの幅でパタパタしていきます

10 帯締めで固定

パタパタができたら、帯締めをあてて固定し、背中で仮結びします

11 広げて整える

パタパタ部分をハの字に広げて、整えます

12 完成!

まわりっ子ごと背中にまわしたら、帯締めを結び直して完成。3のクリップはつけたままでOK

TEAM HANHABA

15 ヘッドドレス

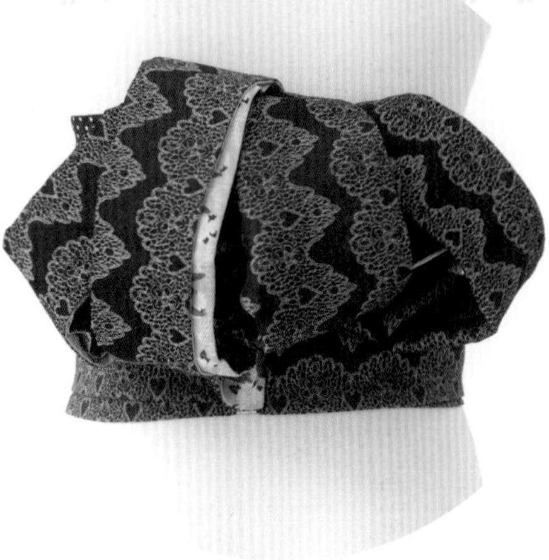

お気に入りのヘッドドレスに似せたくて、くるくるさせてみました♡ 立体感があっておもしろい形になりました。

動画はこちら

使うもの

- 半幅帯
- まわりっ子
- お太鼓止めクリップ
- 伸びる靴紐
- 帯揚げ
- 帯締め

帯の特徴

特徴：軽い
　　　リバーシブル
全長：約 380cm
出身：@u_shino2014 さんからの頂き物

1 巻きはじめ

左手側の帯先を右胸あたりにセッティングして、左まわりに巻きはじめます

2 1周巻いて締める

1周巻いたら、左手は巻きはじめの位置、右手は右脇で帯の下側を持ってしっかり締めます

3 お太鼓止めクリップで留める

そのまま帯をかぶせたら、センターあたりで下側からまわりっ子ごとお太鼓止めクリップで留めます

4 帯先から巻きはじめ

垂れた帯を半分幅に折り、帯先から 15 ～ 20cm くらいの長さに巻いていきます

5 巻いているところ

このようにくるくると、根元まで巻いていきます

6 靴紐で固定

巻いた穴に靴紐を通して固定し、背中で仮結びします。帯先がしっかり留まっていることが大事！

7 輪っかを広げる

くるくる巻いた輪っかを、横に引き出しながら幅を広げていきます

8 帯揚げで固定

広げた状態で、輪っかに帯揚げを通して固定したら、背中で仮結びします

9 帯締めで固定

さらに帯締めをあてて形をキープしたら、背中で仮結びします

10 完成！

まわりっ子ごと背中にまわしたら、帯揚げと帯締めを結び直し、靴紐を帯にしまって完成です

コツ
1

小さい着物を対丈で着るコツ

帯下プリーツで
対丈がもっと
好きに！

腰紐を高めにする

対丈《ついたけ》で着る場合は、腰紐を帯で隠れるくらいの高い位置にします。
さらに帯下にプリーツを作ればおはしょりがなくても気にならない！

帯下プリーツで疑似おはしょり

おはしょりがないと下腹が気になる…。そんなときは帯結ばない帯結びでプリーツを作り（P80参照）、帯下に出せば疑似おはしょりに。

通常より腰紐を高く

通常の腰紐位置より高いところに腰紐をかけて、おはしょりになりきれない部分を帯の中に隠します。

コツ2

小さい着物の裄をのばすコツ

顔まわりも
華やかに
なるよ

半衿をもう1枚たしてみて

半衿の外側に伊達衿のように1枚プラス。たっぷり見せることで衿幅の分、裄《ゆき》の長さが稼げます。重ねる衿は伸縮性のあるレースなどがオススメです。

半衿をつけた襦袢の上に、3cmくらいずらしてもう1枚半衿を重ね、安全ピンで留めています

ゆ、裄が…たりない〜(涙)

わーい、のびた〜!!

コツ
3

大きい着物を短く着るコツ

ウエスト
補正は
なしでOK

腰紐の上にもう1本追加

身丈が長い着物を着るときや、スカート見せなどで短く着たいとき。腰紐の上にもう1本腰紐をすると、おはしょり部分を短くできます。

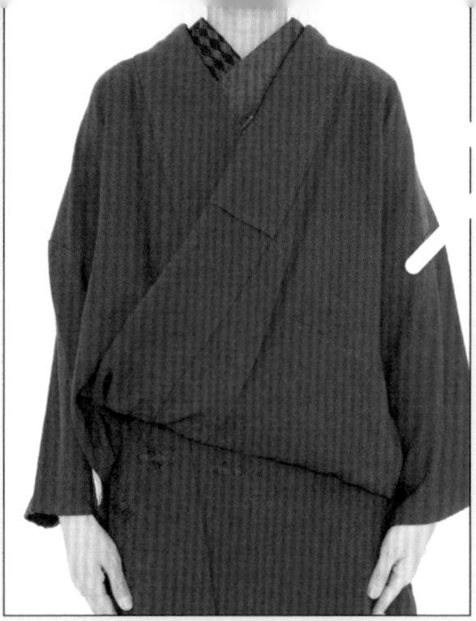

長すぎる…

これだとおはしょりの
布がだぶついて、キレ
イにするのは大変！

通常の腰紐の5cm上くらいで
もう1本腰紐を締めます

左側を少し高くすると、おはしょ
りがまっすぐになりやすいです

短くなった！

このまま左側を、右側
と同じ高さに揃えれば
OK

コツ4

着物をスカートにしちゃうコツ

半分に折って巻くだけ！

よく「どうやっているんですか？」と聞かれる技ですが、半分に折って巻いているだけでした（笑）。

合わせやすいのは、総柄や単色の着物

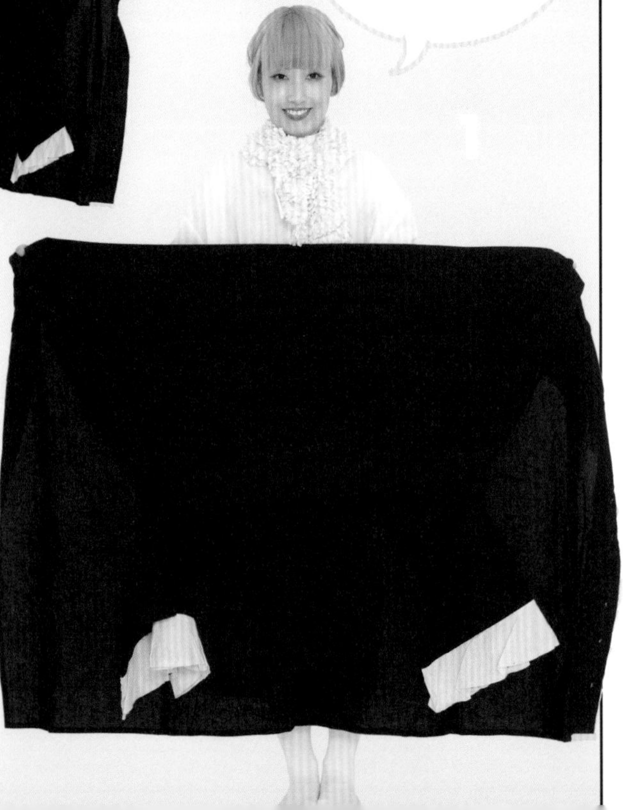

着物を長さ半分くらいに折ります

袖が内側にくるようにして背中からあてて、下前を合わせます

上前をかぶせ、腰紐やベルトなどで留めます

ナチュラルな
いつもの私

ウエストの
折り返しで
エレガントに

デニム着物は
カジュアルに

コツ 5

なんでも着物用にしちゃうコツ

袖は
たるませて
おけばOK!

とにかく合わせてみる!

「洋服用or着物用」と決めつけず、とにかく合わせてみると
意外と大丈夫なうえに、新しい発見が生まれて楽しい♪

万能なのは
オーバーサイズのアウター

身ごろたっぷり、袖つけゆったりなら着物に合わせてOK！

コートのベルトも使える

コートに付いている共布のベルトを帯締め代わりにしてみたら、意外と可愛くてお気に入りです

スカーフ&風呂敷を
裾よけに

大好きな着物雑誌の付録スカーフ&風呂敷は、2枚を縫い合わせて、裾よけにしてみました

コツ 6

簡単ヘアアレンジのコツ

しっかり
留まるロング
アメピンが神！

ゴムとピンだけでも可愛くできる！

着姿の完成度を高めるためにはヘアも大事。簡単にできて見栄えのいいayaayaの定番アレンジをご紹介。

HAIR ARRANGE-1

耳隠しお団子

あっという間にできるアレンジ。耳を隠すことで、ちょっと和風な雰囲気も出せます。

1

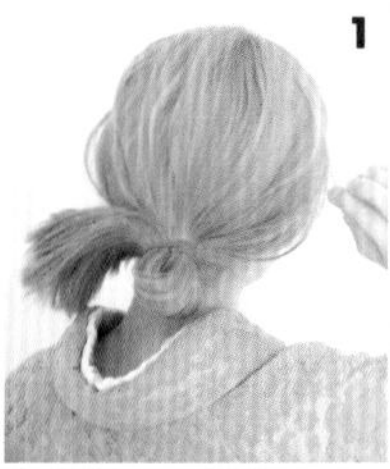

えりあしの位置でひとつ結びにしたら、サイドの髪を引き出して耳を隠します

2

もう1本のゴムでぐるぐる巻きにします

3

HAIR ARRANGE - 2

三つ編みくるりん

三つ編みを両サイドにつくることで、どの角度から見ても映えるアレンジ。

1

分け目がわからないように、コームを使ってジグザグに分けます

2

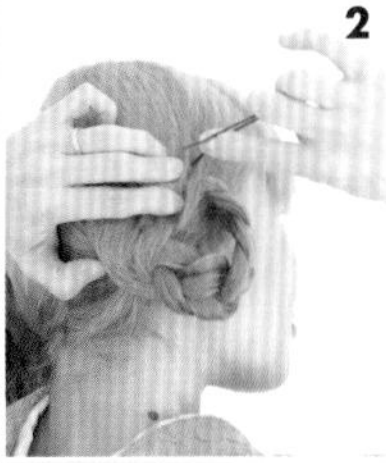

三つ編みを作ったら、後ろから前にくるりと巻いて、耳の後ろでピンで留めます

3

HAIR ARRANGE - 3

ボブ風アレンジ

クラシカルな印象を与えてくれるアレンジ。ヘッドドレスと組み合わせても可愛いです。

1

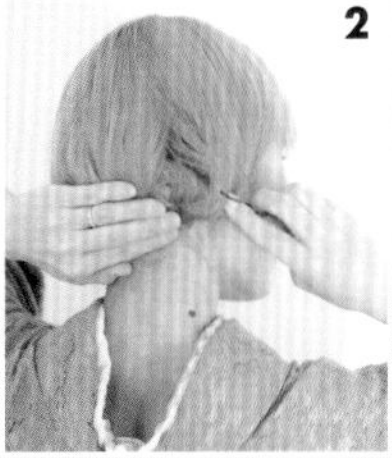

2つに分けて、それぞれ根元と毛先の2カ所をゴムで留めます

2

毛束を丸めて、ゴムが見えないようにピンで留め、表面をコームでならして完成です

3

着付けは〝布をデザイン〟すること

着付け教室をしていると、生徒さんから「おはしょりがまっすぐにできない」「裾がすれすれにならない」など多くの相談を受けます。もちろんその方法はお伝えしますし、一緒にできるようにレッスンします。でも別におはしょりがまっすぐでなくても、モコモコしていてもいいんじゃないかなぁとも思っています。今はSNSで〝キレイで完璧な着付け〟がたくさん見られる時代。それも好きだけど、それだけが正解でもない。私は、着付け＝布をデザインすることだと思っています。たとえばシャツのボタンを開けてゆるっと着る日もあれば、上まで全部留めてジャケットを着てかっちりさせる日もある、みたいな感じ。着物もキレイに着たり、ゆるっと着たり、スカートにしたりと、自由にデザインして楽しんでほしいなと思っています。

お太鼓、銀座
だけじゃない

チーム
名古屋

16 まわさないおはしょりプリーツ

おはしょりが出ない、キレイにできない…そんな悩みはプリーツで解決！ 帯まわしが苦手な人にもぴったりです。

動画はこちら

使うもの

- 名古屋帯
- 帯板
- クリップ2つ
- 仮紐（腰紐）
- 帯締め

帯の特徴

特徴：ややかたい
短め
全長：約 335cm
出身：@u_shino2014 さん
からの頂き物

1 帯を帯板に留める

帯は半分幅の方を右胸下にあて、帯板にクリップで留め、背中からまわし、右腕に帯を掛けます

2 プリーツを作る

細かく折り返しながらプリーツを作ります。5～6つが目安です

3 かぶせて巻く

プリーツが下から少し見えるように右側から帯をかぶせて、巻いていきます

4 1周巻いて締める

1周巻いたら左手はプリーツの脇、右手は右脇で帯の下側を持ち、しっかり締めます

背中でクリップで留める

巻いた帯がゆるまないよう、背中で帯の下側からクリップで留めます

6 仮紐で留める

帯を垂らしたら仮紐（腰紐）で固定し、前で仮結びします

7 帯を折り上げる

垂れている帯を広げ、両端を持って、帯の上側まで折り上げます

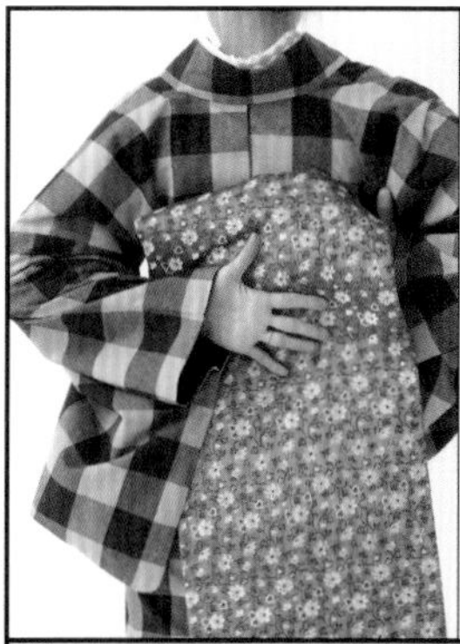

8 上からおさえる

折り上げた状態をキープしたまま、片方の手で上からおさえます

9 もう1回折り上げる

おさえていた手を離さずにもう1回折り上げ、さらに上からおさえます

10 帯締めで固定

折り上げた部分が崩れないように帯締めで固定し、前で仮結びします

11 折り下げる

9で折り上げた上の部分を折り下げて、形を整えます。仮紐を抜きます

12 プリーツを整える

クリップを外し、帯締めをキレイに結び直したら、プリーツを広げて整えます

13 完成！

後ろはパタパタ結びのような感じになります。背中のクリップはつけたままでOK！

17 手先なしお太鼓

短い名古屋帯も活用したい！ そんな声から生まれたアレンジ。巻いてからずらして前柄を合わせるのがポイントです。

動画はこちら

使うもの

- 名古屋帯
- 帯板
- クリップ1つ
- 土台まくら
- 帯枕
- 帯揚げ
- ヘアゴム
- 伸びる靴紐
- 帯締め

帯の特徴

特徴：かたい、やや短い紬
全長：約 350cm
出身：祖母ハツ子の形見

1 巻きはじめ

帯は半分幅の方を右胸下でクリップで帯板に留め、巻きはじめます

2 1周巻いて締める

1周巻いたら左手はクリップの脇、右手は帯の下側を持ち、しっかり締めます

3 まわして柄合わせ

帯をかぶせてセンターで帯だけをクリップで留め直したら、まわして前柄の位置を調整します

4 クリップで留める

3のクリップを外し、背中心で、帯の下側から帯板ごとクリップで留め直します

土台まくらを帯の上から入れ込みます

帯枕&帯揚げを用意

帯揚げを掛けてヘアゴムで固定した帯枕を持ち、お太鼓の位置を確認します

7 お太鼓を作る

帯の下側に帯枕をあてたら、両手で帯の端ごと持ち、土台まくら目がけて持ち上げます

8 帯枕をのせたところ

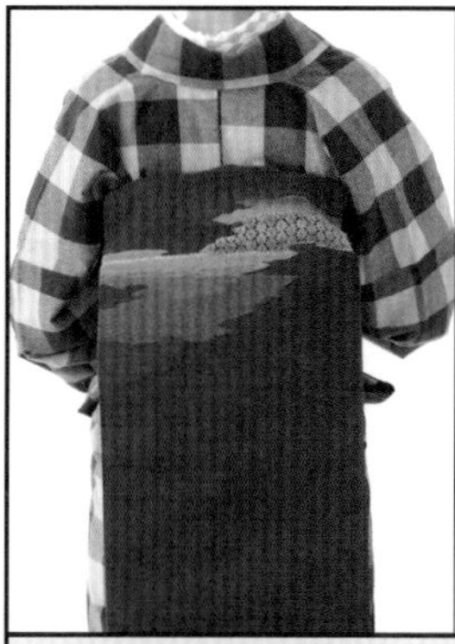

帯枕が土台まくらにのったら、帯枕の紐をしっかり結び、帯揚げも仮結びします

9 お太鼓の大きさを決める

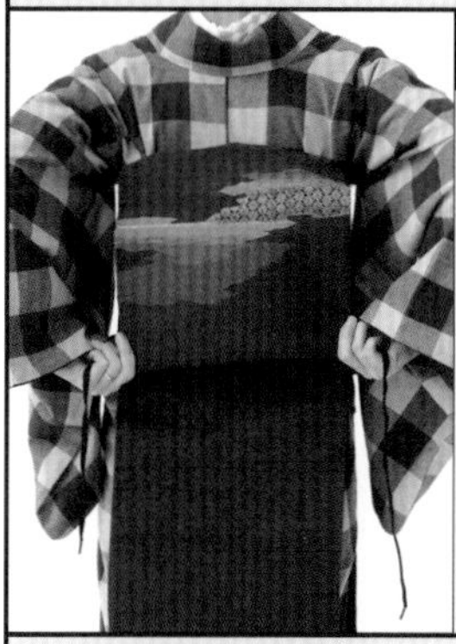

伸びる靴紐を帯の内側にあて、お太鼓の大きさを決めたら、折り上げていきます

10 お太鼓の形の目安

お太鼓は大きい部分に柄が出ていて、タレは人差し指の長さくらいがバランスよし

11 靴紐をしまう

靴紐を前で結んだら、帯の下側から中にしまい込みます

12 帯締めを結ぶ

帯締めはお太鼓の中の折り返した上側にあてて固定し、前で結びます

13 完成!

帯揚げを結び直したら完成です。背中のクリップは取らなくてもOK

18 手先なし銀座

まわさない

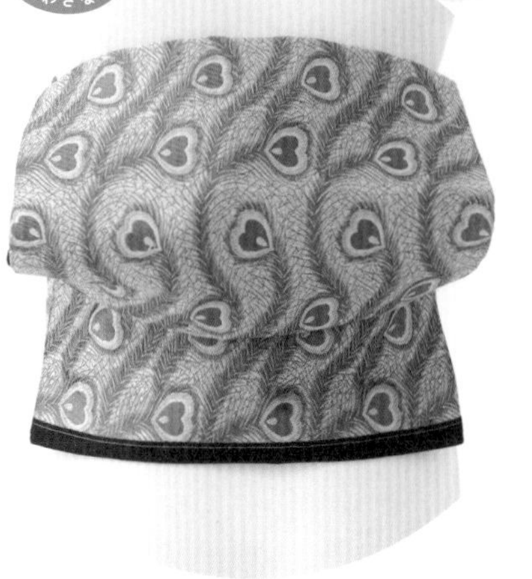

こなれた雰囲気が出せるとみんなが憧れる「銀座結び」。短い名古屋帯でも、結ばなくても、できるんです♡

動画はこちら

使うもの

- 名古屋帯
- 帯板
- クリップ1つ
- お太鼓止めクリップ
- 土台まくら
- 銀座結び用帯枕（なくても可）
- 帯揚げ
- 太めの帯締め

帯の特徴

特徴：かたくて厚地
　　　短い
全長：約 330cm
出身：「KI-NA」@ki_na_shop

1 巻きはじめ

帯は半分幅の方を右胸下で帯板にクリップで留めて巻きはじめます

2 1周巻いて締める

1周巻いたら、左手は巻きはじめの位置、右手は右脇で帯の下側を持ち、しっかり締めます

3 もう1周巻いて締める

もう1周巻いたら、同じようにしっかり締めます

お太鼓止めクリップで留める

締めた帯がゆるまないようにおさえたまま、背中心に下からお太鼓止めクリップで留めます

5 土台まくらを入れる

帯の上から土台まくらを入れ込みます

6 帯幅を広げる

垂れている帯の幅をしっかり広げます

7 帯枕&帯揚げをのせる

銀座結び用の帯枕に帯揚げを掛け、下線の位置で帯の下からあてて土台まくらにのせます

8 帯枕&帯揚げを結ぶ

土台まくらにのせたら、帯枕の紐をしっかり結び、帯揚げは仮結びします

9 帯締めをあてる

帯締めは、帯下8〜10cmくらいの高さで、左右の長さを揃えて帯の内側からあてます

10 帯を折り上げる

帯締めをあてた部分を起点に、帯先を内側に持ち上げていきます。よい位置まできたら帯締めを結びます

11 横から見たところ

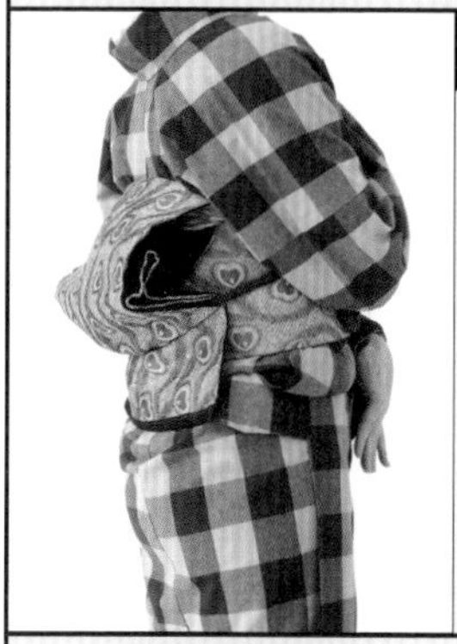

横から見て帯がふくらんでいる感じが正解です

12 完成!

1のクリップを外し、帯揚げ&帯締めをキレイに結び直したら、完成です

19 前プリーツずらし太鼓

まっすぐにするのが苦手なら、ずらせばいい♪　帯枕も使わないのでかなり短い帯でも対応できちゃいます。

動画はこちら

使うもの

- 名古屋帯
- まわりっ子
- クリップ１つ
- 帯揚げ
- 帯締め

帯の特徴

特徴：アンティーク
短い
全長：約 337cm
出身：「きたや」
@kitaya_kimono

1 まわりっ子にクリップ留め

帯は半分幅の方を、右胸下でまわりっ子ごとクリップで留めます。右腕に反対側の帯を掛けます

2 大きめヒダを作る

左手で大きめのヒダを３つくらい作ります

3 1周巻いて締める

下からヒダが見えるように帯をかぶせたら、1周巻いてしっかり締めます

4 クリップで留める

帯がゆるまないようにしながら、1のクリップを外し、背中側で帯だけをクリップ留めします

5 もう1周巻いて留める

さらにもう1周巻いたら同じように締め、帯だけクリップを留め直します

6 前にまわす

まわりっ子ごと持ち、垂れている部分が前にくるようにまわします

7 帯を広げる

垂れている帯をしっかり広げて、帯の上まで持ち上げます

8 帯揚げで留める

細く折った帯揚げを帯の上側の位置にあてて固定し、蝶結びにして帯の中に隠します

9 折りたたむ

垂れている部分を折りたたんで、お太鼓の形を作ります

10 帯締めで固定

折りたたんだ部分を帯締めで固定し、背中で仮結びします

11 形を整える

お太鼓部分とタレ部分を持って形を整えます。思いきって大胆にずらすのがコツです

12 完成！

まわりっ子ごとまわし、帯締めを結び直したら完成です。背中のクリップは外さなくてOK

20 アシメプリーツ風船太鼓

浴衣帯のような薄い化繊の名古屋帯。折りジワがつきにくいので、思いきって風船太鼓にしてみました。

※傷つけたくない帯は避けてください

使うもの

- 名古屋帯
- まわりっ子
- クリップ1つ
- お太鼓止めクリップ
- 帯締め

帯の特徴

特徴：やわらかくて薄い素材
　　　松葉仕立て
全長：約360cm
出身：ヤフオク

1 風船を作って留める

半分幅の方で風船の形を作り（P42参照）、右胸下あたりに置いてまわりっ子にクリップで留めます

2 折り返して巻く

垂れている帯を直角に折り返して巻いていきます

3 風船をおさえて巻く

1周したら風船を巻き込まないようにおさえて、もう1周巻きます

4 帯を締める

２周したら左手は巻きはじめの位置、右手は右脇で帯の下側を持ちしっかり締めます

5 お太鼓止めクリップで留める

帯を正面までかぶせたら、風船の下あたりでまわりっ子ごと下から留めます

6 根元からパタパタする

残った帯は、根元からランダムにパタパタしていきます

7 パタパタしたところ

すべてパタパタしたところ。なりゆきで広がっても、そのままでOKです

8 帯締めで固定

パタパタした帯の上から帯締めで固定し、背中で仮結びします

9 風船を下ろす

風船をパタリと上から下ろします

10 ヒダを整える

パタパタして作ったヒダを広げて整えます

11 完成！

クリップを外し、まわりっ子ごと前にまわし、帯締めを結び直したら完成です

21 リボン太鼓

リボンに箱ヒダをとったお太鼓が可愛いアレンジ。リボンは輪っかに通さず、かぶせるだけなので簡単です。

1 巻きはじめ

帯は半分幅の方を60～70cmほど折り上げて右肩にのせ、巻きはじめます

2 1周巻いて締める

1周巻いたら、左手は巻きはじめの位置、右手は右脇で帯の下側を持ってしっかり締めます

3 お太鼓止めクリップで留める

そのまま帯をかぶせたら、センターで下側からまわりっ子ごとお太鼓止めクリップで留めます

4 リボンを作る

肩にのせていた帯を下ろし、真ん中を谷折り、その両脇を山折りしてリボンの形にします

使うもの

- 名古屋帯
- まわりっ子
- お太鼓止めクリップ
- 伸びる靴紐
- 帯揚げ
- 帯締め

帯の特徴

特徴：やわらかい
短め、紬
全長：約346cm
出身：「シンエイ」
@kimono_shinei

5 巻いた帯を折り上げる

巻いてきた帯を折り上げて、根元を細く折り、リボンの下からくぐらせます

6 リボンにかぶせる

くぐらせた帯の根元を、リボンの真ん中にかぶせます

7 靴紐で固定

かぶせた根元に靴紐をあてて固定し、背中で結びます

8 箱ヒダを作る

帯の残りの部分は、広げてから両サイドでタックをとって、箱ヒダにします

9 帯揚げで固定

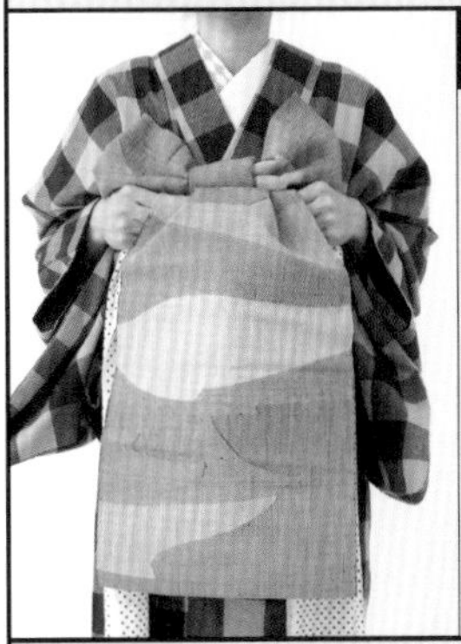

帯揚げで箱ヒダを固定したら、背中で仮結びします

10 帯締めをあてる

帯の下線の高さで、帯の内側に帯締めをあて、帯と一緒につまみます

11 帯を折り上げる

帯締めを起点に帯先を折り上げて、お太鼓の形を作ります。帯締めを背中で仮結びします

12 脇に注意してまわす

リボンが脇に引っかからないよう右脇をしっかり上げて、まわりっ子ごとまわします

13 完成!

靴紐を帯の中にしまい、帯揚げ、帯締めをキレイに結び直したら完成です

22 すべり台

ジグザグでアシンメトリーな折り方が
ユニークなアレンジ。公園ですべり台
を見ていて思いつきました（笑）。

※傷つけたくない帯は避けてください

動画はこちら

使うもの

- 名古屋帯
- まわりっ子
- クリップ1つ
- お太鼓止めクリップ
- 帯揚げ
- 帯締め

帯の特徴

特徴：やわらかくて薄い
　　　松葉仕立て
全長：約343cm
出身：「kimono tento」
　　　@kimonoyatento

1 巻きはじめ

帯は半分幅の方を右胸下でクリップでまわりっ子に留めて、巻きはじめます

2 1周巻いて締める

1周巻いたら、左手は巻きはじめの位置、右手は右脇で帯の下側を持ってしっかり締めます

3 もう1周巻いて締める

もう1周巻いて、同じように締め、帯だけクリップを留め直します

4 帯をまわして長さ調整

垂れている部分が床上10cmくらいになるように、帯だけをまわして調整します

5 お太鼓止めクリップで留める

位置が定まったらクリップを外し、お太鼓止めクリップで帯の下側からまわりっ子ごと留めます

6 帯を垂らす

半分幅のまま、帯を下に垂らします

7 折り上げて帯揚げ

帯の下線の位置から上線まで折り上げたら、帯揚げをあてて、背中で仮結びします

8 ななめ上に折り上げる

今度はななめ上に折り上げて、残りの部分は下に自然に垂らします

9 帯締めで固定

折り上げた部分に帯締めをあてて固定したら、背中で仮結びします

10 折り下げる

帯より上になっている部分を折り下げて、すべり台の形を作ります

11 完成！

まわりっ子ごと背中にまわし、帯揚げと帯締めをキレイに結び直したら完成です

23 だんだん畑

一見するとお太鼓のようにみえて、じつはタレの部分がだんだんになっているという変わり種。普通のお太鼓に飽きたときにどうぞ。

1 巻きはじめ

帯は半分幅の方を右胸下あたりでまわりっ子にクリップで留め、巻きはじめます

2 1周巻いて締める

1周巻いたら左手は巻きはじめの位置、右手は右脇で帯の下を持ち、しっかり締めます

3 お太鼓止めクリップで留める

そのまま帯をかぶせてきたら、センターで下側からまわりっ子ごとお太鼓止めクリップで留めます

使うもの

- 名古屋帯
- まわりっ子
- クリップ1つ
- お太鼓止めクリップ
- 帯揚げ
- 帯締め

帯の特徴

特徴：やわらかくて薄い化繊
全長：約 364cm
出身：@u_shino2014 さんからの頂き物

4 帯を広げる

1のクリップを外し、垂れた部分を根元からしっかり広げます

5 帯揚げをあてる

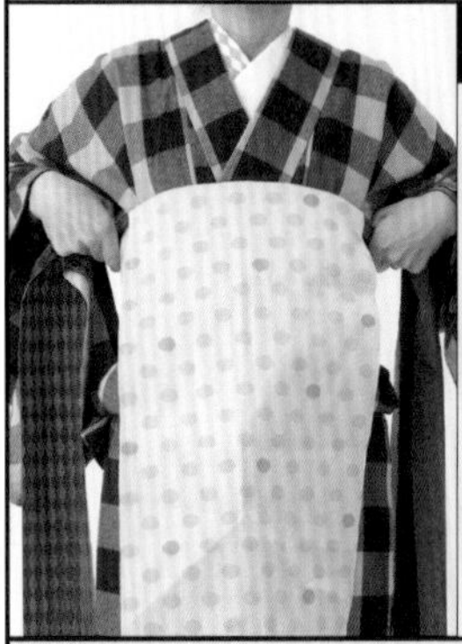

帯の上線の位置で帯揚げをあてたら、背中で仮結びします

6 折り上げる

帯の下線の位置で10cmくらいを折り上げます

7 屏風だたみにする

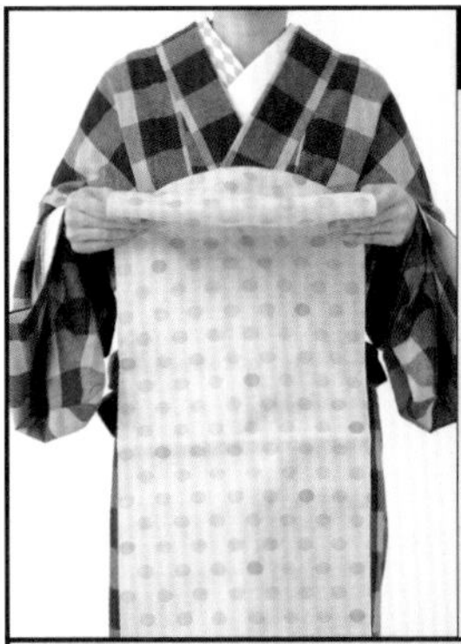

同じ幅で4～5回屏風だたみします。しっかり重ねてたたむのがポイントです

8 屏風だたみしたところ

このように帯先を30cmほど残してたたみ終えます

9 帯締めで固定

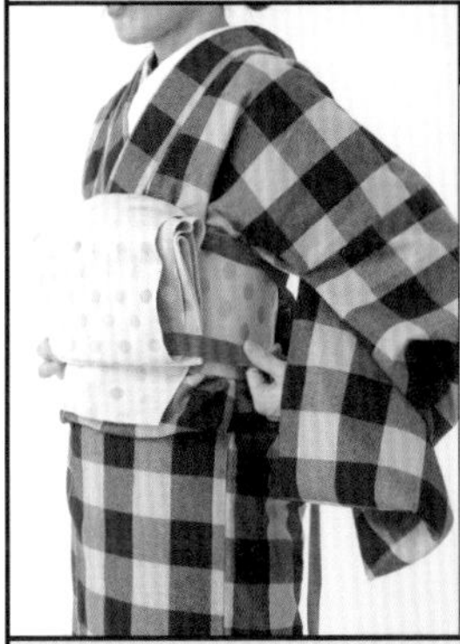

帯締めをいちばん外側に通し、すべてのヒダをおさえるように固定して、背中で結びます

10 ヒダを引き出す

だんだんになるようにヒダを少しずつ引き出します。奥から慎重にずらすと崩れにくいです

11 完成！

まわりっ子ごと背中にまわし、帯揚げと帯締めをキレイに結び直したら完成です

推し事
1

腰サポーター

幅広ゴムの腰サポーターは、伊達締めとして使うほか、胸をおさえるのにも役立ちます。

OVE♥

考えながら、お店の中を巡っています

かばんテープ＆綾テープ

150cmのカラフルなかばんテープは帯締め代わりに。綾テープはそれより少しやわらかい素材なので、仮紐としても使用可。

100均

いつも「コレ、着物に使えるかな

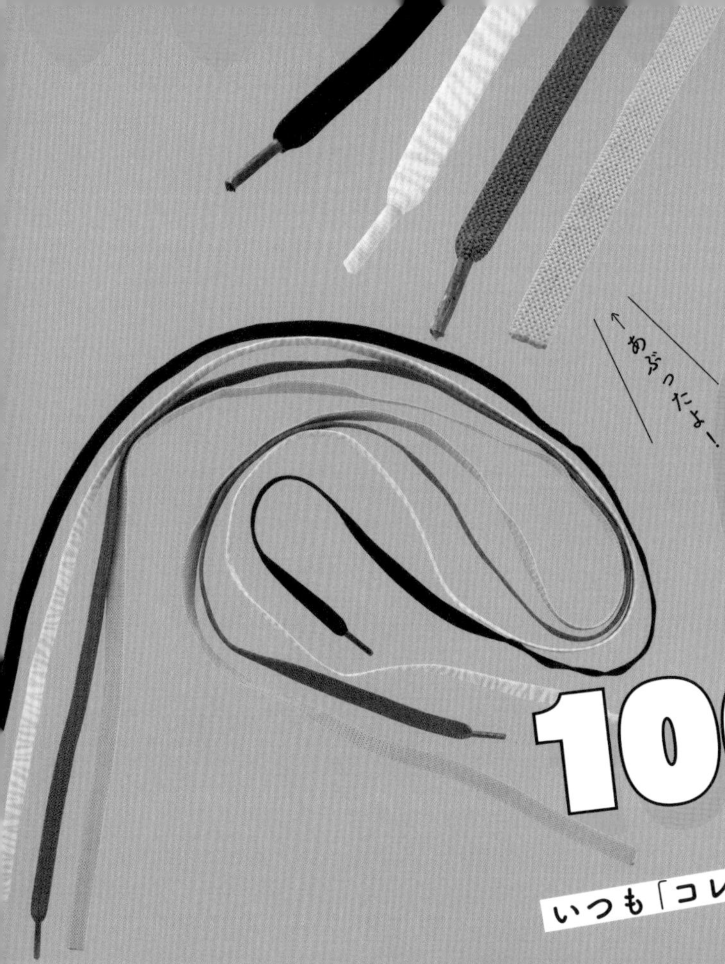

↑あぶったよー!

伸びる靴紐

仮紐、三重紐、帯締めなど、いろんな用途で愛用。ほどよい伸縮性と細さが使いやすさのヒミツ。紐先は切ってあぶると靴紐感が薄まります。

↑白ガムテープで巻きます

タイツと下敷き

下敷きを4cm×20cmくらいにカットし、タイツで包めば、銀座結び用の帯枕にへんし〜ん!

推し事 2

二部式襦袢

アンティークなどそのままでは短くて着られない長襦袢は、裾をピンキングばさみで切って、半襦袢にすれば気軽に着られます。

しか勝たん！

なぜって、上下分かれている方が着崩れにくいから！

ほら、開脚しても衿が動かない！

ここまで開脚することはないかもしれませんが（笑）、長襦袢だと衿元が崩れてしまう動作でも半襦袢なら気にせずできちゃいます。

推し事 3

してる

小物

ayaayaスタイルを完成させるのに
欠かせない、お気に入りの小物たち

トキメク★帽子

麦わら帽子などコーデに溶け込む系も好きだし、めかしこむ系も大好き。ヴィンテージが多いので一期一会の出合いを大切にしています。

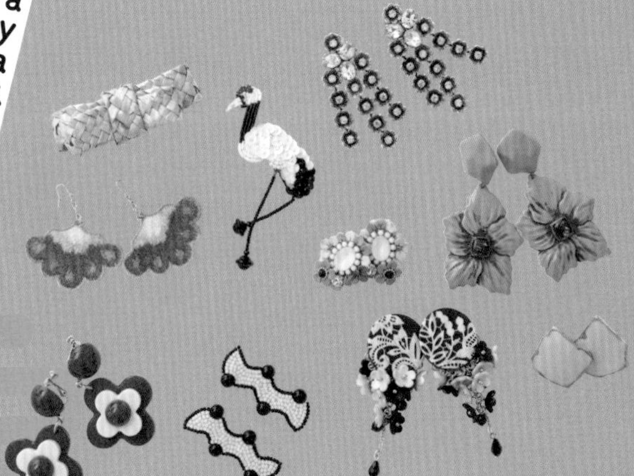

キュンキュンアクセ

アクセは作家モノやヴィンテージが入り混じってます。コーデのアクセントになる大きめのデザインを選びがちです。

うっとり〜帯

ヒメノルミちゃんの店や、船場センタービル、戻橋などいろんなところで出合った帯を眺めながらニヤニヤしちゃいます。

るんるん♪バッグ

バッグもヴィンテージが多いですが、特に着物に合わせようと思って買わないのが逆にポイント。「whiting and davis」が好きで集めています。

眺めながらお酒が飲めるくらい

偏愛

ムフフ♥はきもの

ラバーシューズの「OPANAK」をはじめ、草履も靴もお気に入りのデザインがあるとつい、2色買いしてしまいます（じつはコード刺しゅう草履も2色持ってます）。

推し事
4

「推し」の存在は、パワーの源

しぬまで
ドキドキ
ワクワク

推しコーデの決め手は「Tシャツかぶせ帯」！ ヘアアレンジもYUKIちゃんをイメージしてボブに♡

したい

皆さんご承知のとおり、私の推しはＹＵＫＩちゃん♡　友だちの結婚式で流れていた『ＪＯＹ』を聴いたときに恋に落ちました。それまで何かにハマるということがなかった私ですが、ＹＵＫＩちゃんに出会ってから世界がキラキラと輝きはじめたんです。

歌声だけでなく、ファッション、しぐさ、そして生き方まですべてが憧れ。ステージ衣装や舞台の装飾、パンフレットの世界観など、着物のコーディネートを考えるときのインスピレーション源になっていますし、彼女のポジティブさ、周りを大切にする姿勢も尊敬しています。

何かを「好き！」と思う気持ちは生きるパワーになりますよね。私も誰かによい影響を与えられるようになっていたらいいなと思っています。

ゆきんこに囲まれて

YUKIちゃんの公式キャラクターグッズやタオルは、目にするだけで幸せをくれるアイテム

推し事
5

身体づくり

日常の中に運動を取り入れて、美しい着姿を目指しています！

お行儀は悪いですが（笑）歯磨きは毎日するものだから、ついでに脚上げすれば柔軟性アップと体幹強化ができて一石二鳥！

毎日10,000歩が目標です

ケーキを我慢したくない…じゃあ歩こう！と思い、毎日１万歩（約５～６km）歩くことにしました。外に出られない日はスマホで仕事をしながら家の中をウロウロしています。

“チリツモ”で健康と美しい着姿を手に入れる！

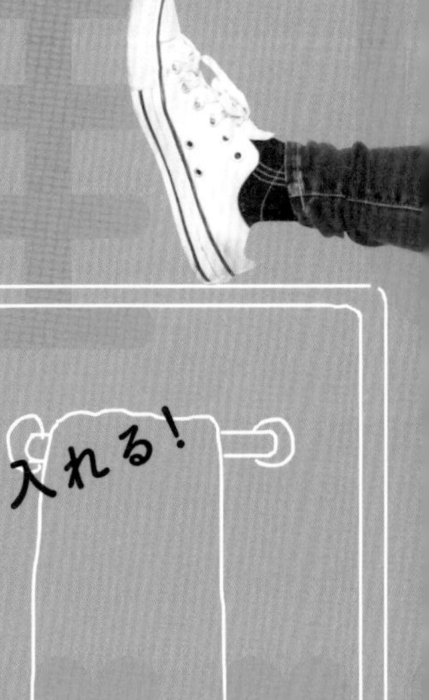

進化しつづけること

2023年、私は美容専門学校に入学しました。着物コーディネートをトータルで見たときに、ヘアメイクについてしっかりと学んでみたいと思ったからです。新しい世界は発見と課題に満ちていて、「私、毎日進化している!」という充実感にあふれています。

同じように「帯結ばない帯結び」も、ずっと進化させていきたいと思っています。ふとした瞬間のひらめきや、生徒さんから聞かれた疑問や悩み……そういうものを「帯結ばない帯結び」に昇華して、たくさんの人に届けたい。たとえば振袖や七五三などはもともと帯を結ばない手法がありますが、そこに何か新しいアイディアを吹き込めないか……そんなことを毎日考えています。今では日本を飛び出して、海外でも広がりつつある「帯結ばない帯結び」。もっともっと進化させて、世界中の人が楽しんでくれるものをつくっていきたいです。

セレモニーや
パーティーにも♡

チーム
幅広

TEAM HABAHIRO

24 まわさない二重太鼓

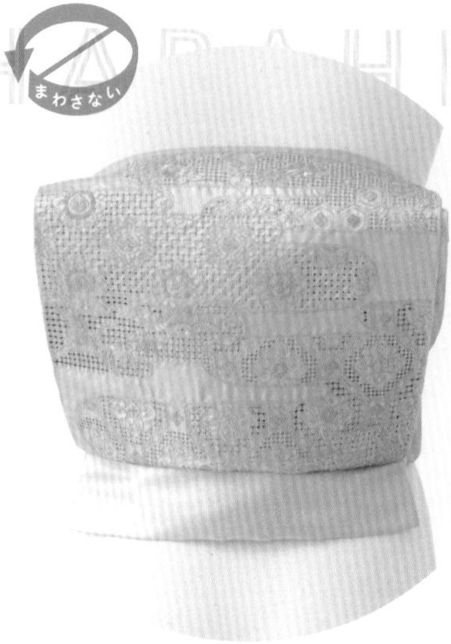

手先なし、結ばない、まわさないで
完成する二重太鼓は、伸びる靴紐
が大活躍！ 帯が傷みにくいのも◎

使うもの

- 袋帯
- 帯板
- クリップ1つ
- 伸びる靴紐
- 土台まくら
- 帯枕
- 帯揚げ
- 帯締め

帯の特徴

特徴：かため
化繊素材
全長：約 423cm
出身：「シンエイ」
@kimono_shinei

1 巻きはじめ

帯は手先側を半分幅に折り、右胸下で帯板にクリップで留めます

2 1周巻いて締める

1周巻いたら、左手はセンターの下側、右手は右脇で帯を下から持ち、しっかり締めます

3 前柄位置の調整

そのまま帯をかぶせたら帯だけをクリップで留め直し、前柄の位置に合わせてずらします

4 もう一度締める

ずらしたことで少しゆるむので、もう一度しっかり締め直します

5 背中心でクリップ留め

ゆるまないように背中心で下側から1のクリップで留め直しておきます

6 帯先を測る

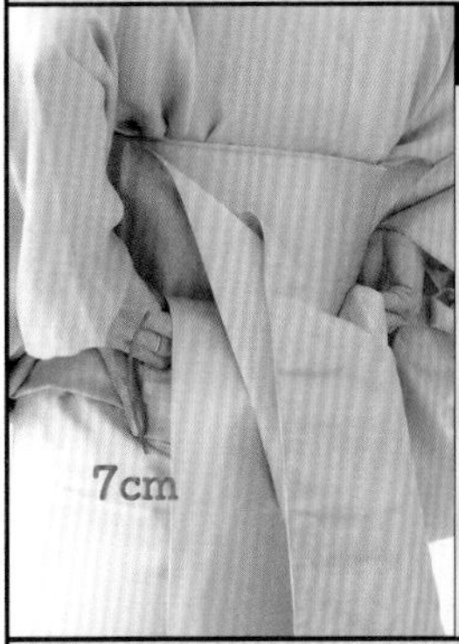

垂れている帯の帯先を7cm ほど測り、帯の下線に合わせます

7 靴紐で固定

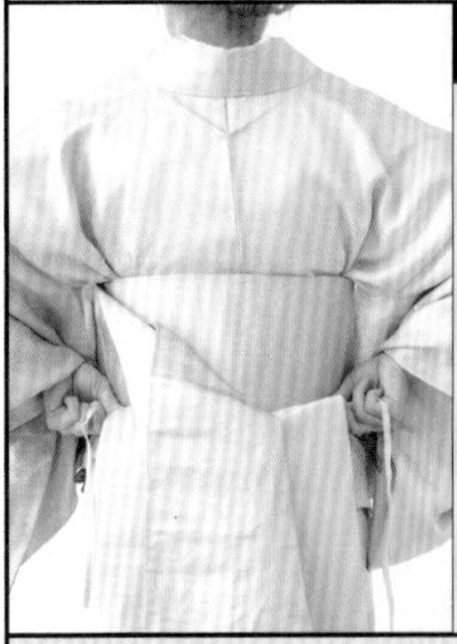

測った部分に伸びる靴紐をあてて固定し、前で仮結びします

8 土台まくらを入れる

土台まくらを帯の上から入れ込みます

9 帯枕をのせる

帯揚げを掛けた帯枕を帯の内側にあて、帯の両端を持って、土台まくらの上にのせます

10 のせたところ

帯枕をのせたら、帯枕の紐と帯揚げを前で仮結びします

11 お太鼓を作る

お太鼓の形を決めたら、一度靴紐を外し、折り上げた内側に入れ直して前で結びます

12 靴紐を隠す

前で結んだ靴紐は、帯の下側から帯の中にしまって隠します

13 完成！

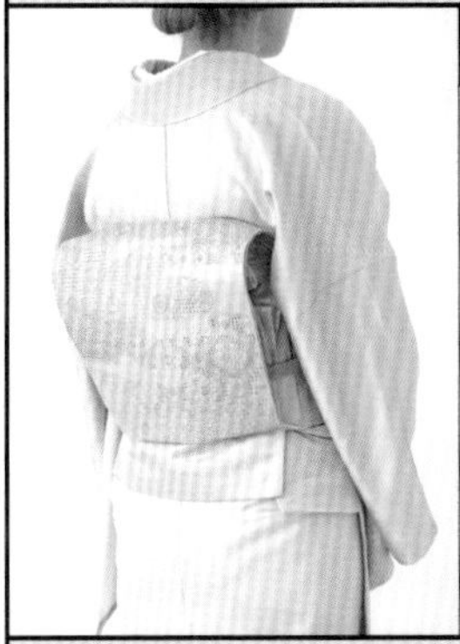

お太鼓の中に帯締めを通し、帯揚げもキレイに結び直せば完成。クリップは外さなくても OK

TEAM HARAHIRO

25 帆船

後ろは幾重にも重なる白い帆、前はヒダと帯揚げで波しぶきを表現。まわさないで完成するのも嬉しいポイントです♡

使うもの

- 袋帯
- 帯板
- クリップ1つ
- 帯締め
- 帯枕
- 帯揚げ

帯の特徴

特徴：やわらかい
　　　化繊素材
全長：約440cm
出身：母からのプレゼント

1 巻きはじめ

帯は左手側を半分幅に折り、右胸下あたりで帯板にクリップで留め、右腕に帯を掛けます

2 ヒダを作る

左側から帯を寄せて5～6つヒダを作ったら、右側から帯をかぶせて巻いていきます

3 1周巻いて締める

1周巻いたら、左手は左脇上部、右手は右脇で帯の下側を持って、しっかり締めます

4 背中心でクリップ留め

ゆるまないように、背中心で下側から1のクリップで留め直しておきます

5 ずらして広げる

垂れた帯の根元から、少しずらすようにして広げます

6 帯を折り上げる

片手を帯の下くらいの位置にあて、もう片手を使って、帯を折り上げていきます

7 折り上げたところ

帯の長さによりますが、2～3回折り上げることができます

8 帯締めで固定

折り上げた帯に帯締めをあてて固定し、前で仮結びします

9 帯枕を通す

折り上げた帯のいちばん上の輪に帯揚げを掛けた帯枕を通し、枕の紐だけを結びます

10 帯揚げをからめる

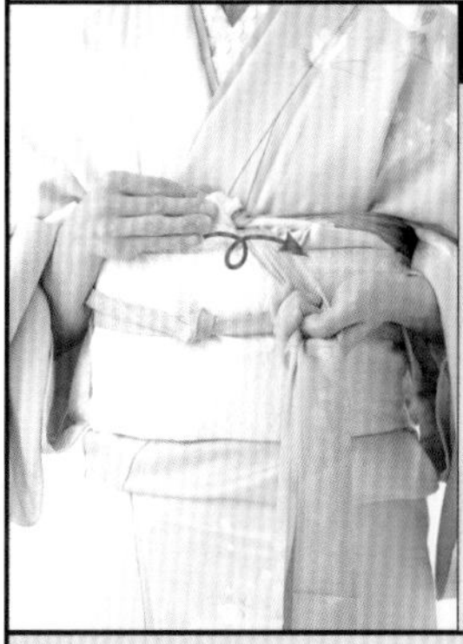

帯揚げは、両側ともそれぞれ帯枕の紐にくるっとからめます

11 帯揚げをパタパタ

2枚の帯揚げを重ねたら、パタパタとたたんでいきます

12 枕の紐にからめて入れる

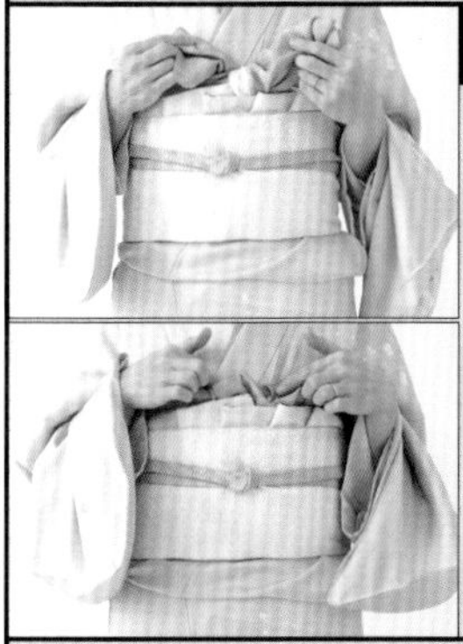

パタパタした帯揚げを再び帯枕の紐にからめて、真ん中を帯におし込みます

13 後ろを整えて完成

後ろのヒダを広げて整えたら完成です。4のクリップは外さなくてOK

TEAM HABAHIRO

26 ミルフィーユ

帯結ばない／チーム幅広／袋帯

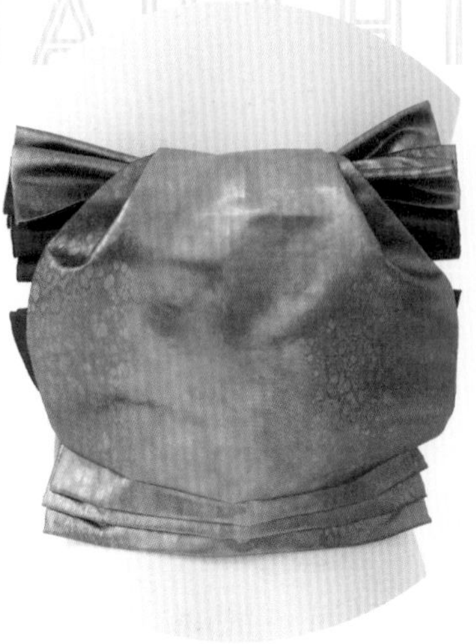

大好きなスイーツをイメージしたアレンジ。ふくら雀みたいな羽と、タレ先のプリーツがポイントです。

使うもの

- 袋帯
- まわりっ子
- クリップ1つ
- お太鼓止めクリップ
- 帯枕
- 帯揚げ
- ヘアゴム
- 帯締め

帯の特徴

特徴：やわらかくて
ハリがある
化繊
全長：約440cm
出身：「シンエイ」
@kimono_shinei

1 巻きはじめ

左手側の帯は半分幅に折り、100cmほど測ったら下側に垂らし、まわりっ子にクリップで留めて巻きます

2 柄止まりを確認

帯は柄のない部分が脇にきていることを確認します

3 1周巻いて締める

1周巻いたら左手はクリップの脇、右手は右脇で帯の下側を持ち、しっかり締めます

4 お太鼓止めクリップで留める

そのまま帯をかぶせたら、巻いてきた帯だけを下側からお太鼓止めクリップで留めます

5 箱ヒダを作る

1のクリップを外し、かぶせてきた帯を根元から開き、両側を折り込んで箱ヒダを作ります

6 帯枕をセッティング

帯枕に帯揚げを掛けたら、ヘアゴムで留めておきます。

7 帯枕をあてる

箱ヒダを崩さないように帯枕をあて、背中で仮結びします

8 下側の帯をたたむ

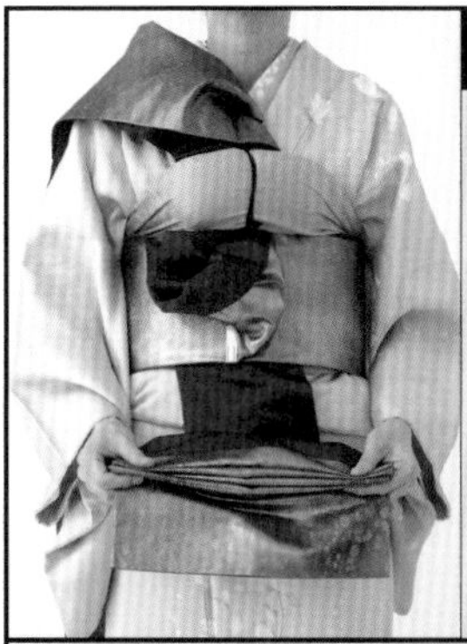

帯枕をあてた方の帯を肩にのせ、下に垂らした方の帯を広げて屏風だたみしていきます

9 持ち上げてゴムに通す

ヒダは根元15cmくらいを残し、上に持ち上げたら、帯枕のヘアゴムに通します

10 残りの帯をたたむ

肩にのせていた帯を下ろし、15cmくらいの幅で屏風だたみしていきます

11 帯締めで固定

屏風だたみが崩れないよう、帯締めをあてて固定したら、背中で仮結びします

12 ずらして整える

屏風だたみの部分を少しずつ引き出してして、プリーツ状に整えます

13 完成!

まわりっ子ごと背中にまわし、帯揚げと帯締めをキレイに結び直したら完成です

TEAM HABAHIRO

帯結ばない / チーム幅広 / 袋帯

27 カニさんリボン

お太鼓アレンジの上にリボンをのせた、盛り&映えなアレンジ。

使うもの

- 袋帯
- まわりっ子
- クリップ1つ
- 伸びる靴紐
- 帯枕
- 帯揚げ
- ヘアゴム
- 帯締め

帯の特徴

特徴：ハリがある
薄め素材
全長：約416cm
出身：「1000円きもの彩夏」
@ayaka1000kimono

1 巻きはじめ

帯は左手側を半分幅に折り、右脇に柄の境目がくる位置でまわりっ子にクリップ留めして肩にのせます

2 1周巻いて締める

1周巻いたら左手はクリップの脇、右手は右脇で帯の下側を持ち、しっかり締めます

3 クリップを留め直す

そのまま帯をかぶせたら、右胸下あたりでまわりっ子ごと下からクリップを留め直します

4 リボンを作る

肩にのせていた帯を下ろし、半分幅のまま中心を谷折りしてリボンの形を作ります

垂れている帯を細く折ってリボンの下にくぐらせ、上からリボンの中心にあて、靴紐で留めます

6 箱ヒダに帯枕をあてる

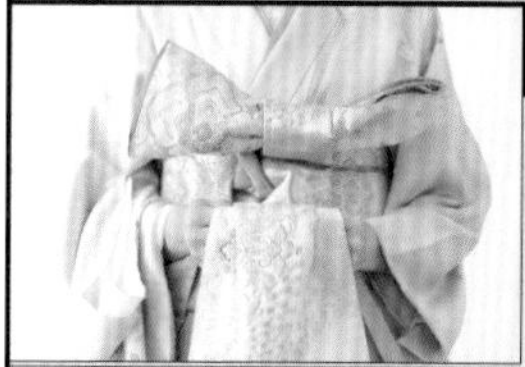

垂らした帯で箱ヒダを作ったら、帯揚げ＆ヘアゴムを掛けた帯枕をあてて背中で仮結びします

7 中間をたたむ

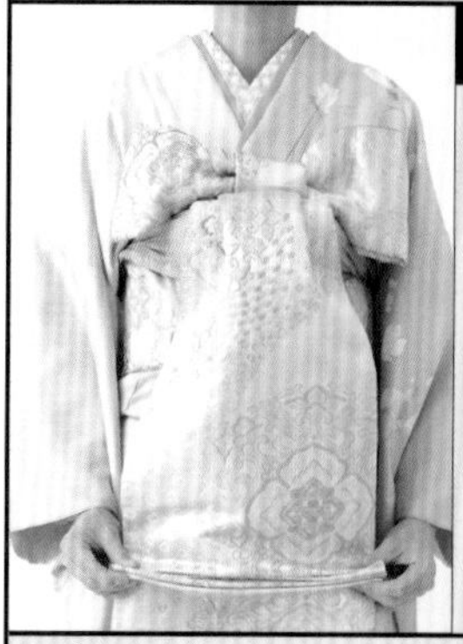

残りの帯は帯枕から 40 ～ 50 cm くらいの位置から帯先まで、屏風だたみしていきます

8 ヘアゴムに通す

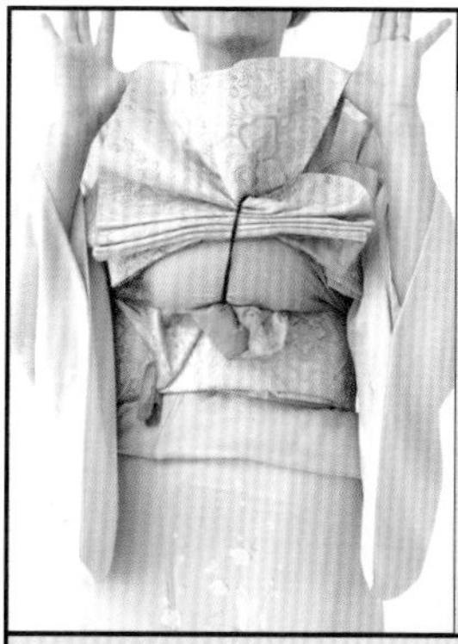

たたんだ部分を持ち上げて、帯枕につけたヘアゴムに通します

9 帯をかぶせる

屏風だたみの上側の部分を上からかぶせて、お太鼓を作ります

10 帯締めで固定

お太鼓の中に帯締めを通し、背中で仮結びします

11 ヒダを広げる

お太鼓の中のヒダを広げて整えます

12 まわして結び直す

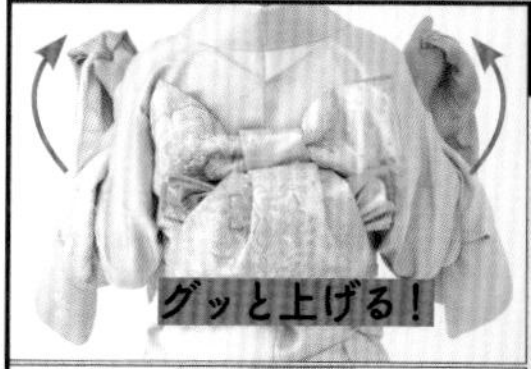

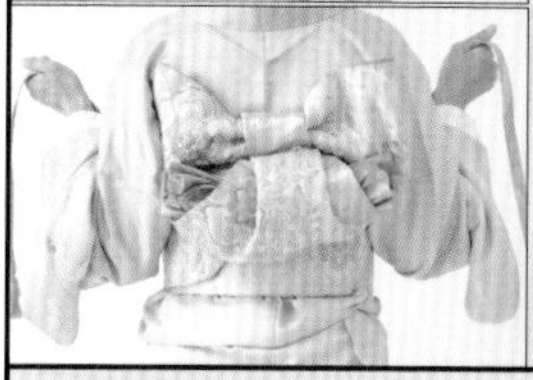

まわりっ子ごと背中にまわし、帯枕＆帯揚げをグッと持ち上げて結び直したら、帯締めも同様にします

13 完成！

クリップを外したら完成。帯枕がしっかり背中についていればOKです

TEAM HABAHIRO

28 まわさないくしゅくしゅ

まわす手間なし、後ろも前も可愛く仕上げられるのがこちら。背中側での作業も少ないので、背中に手がまわりにくい人も安心です。

1 巻きはじめ

帯は半分幅に折り、右胸下あたりで帯板にクリップで留め、背中からまわして右腕に掛けます

2 前ヒダを作る

左手で脇から帯を寄せ、右手でおさえながら５～７つほどヒダを作っていきます

3 クリップで留めて巻く

ヒダができたら左胸下あたりをクリップで留め、右手側の帯をかぶせて巻いていきます

使うもの

- 兵児帯
- 帯板
- クリップ2つ
- 帯締め

帯の特徴

特徴：１枚仕立て
　　　リバーシブル
全長：約 440cm
出身：「MIKI SAKURA」
　　　@mikisakura11

4 周巻きして締める

1周巻いたら、左手はクリップの脇、右手は右脇で帯の下側を持ち、しっかり締めます

5 クリップを留め直す

帯がゆるまないようにしながら、左胸下のクリップを背中心の下側に留め直します

6 屏風だたみする

残りの帯を左側から前にもってきたら、根元から10cm 幅くらいで屏風だたみしていきます

7 たたんだところ

帯先まで、すべてたたんでいきます

8 背中にあてる

できたヒダを崩さないように持ったら、左側から背中の真ん中に、縦にしてあてます

9 帯締めで固定

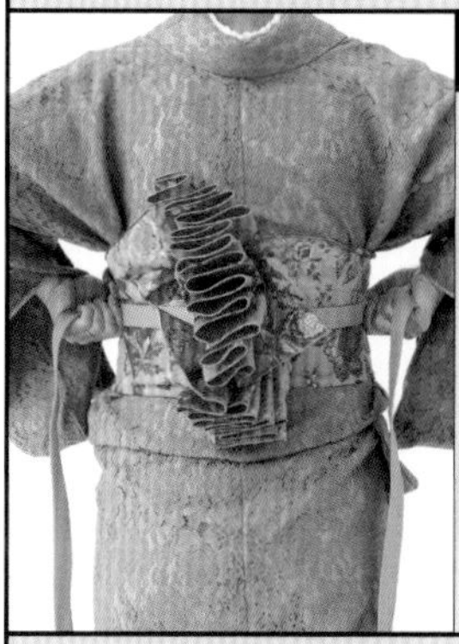

帯締めをあてて固定したら、前で仮結びします

10 ヒダを広げる

両手で帯締めの下側のヒダから広げていきます。帯締めより上側は倒してから広げます

11 完成！

1のクリップを外し、帯締めをキレイに結び直したら完成です。**5**のクリップは外さなくてOK

TEAM HARAHIRO

29 アントワネット

動画はこちら

兵児帯を２本使って、バッスルドレスのように後ろにボリュームを出しました。フリル大好きなアナタにも♡

使うもの

- 兵児帯2本
- 伸びる靴紐
- まわりっ子
- 帯締め
- クリップ1つ

帯の特徴

帯①ピンク
特徴：１枚仕立て　リバーシブル
全長：約 440cm
出身：「MIKI SAKURA」
@mikisakura11

帯②ブルー
特徴：１枚仕立て　リバーシブル
全長：約 428cm
出身：「TSUBAKIAN」
@tsubakian_mami

1 帯①を巻く

帯①は半分幅に折り、右胸下あたりでクリップでまわりっ子に留めて、巻きはじめます

2 1周巻いて締める

1周巻いたら、左手はクリップの脇、右手は右脇で帯の下側を持って、しっかり締めます

3 クリップを留め直す

そのまま中央まで帯をかぶせたら、下側からまわりっ子ごと**1**のクリップで留め直します

4 根元からたたむ

帯を広げたら根元から7～8cm幅で屏風だたみしていきます

5 たたみ終えたところ

帯先まですべてたたみました

6 縦にしてあてる

たたんだ帯を縦にして、帯のセンターにあてます

7 ヒダを広げる

両手でおさえながらヒダを少しずつ広げていきます

8 靴紐で固定

伸びる靴紐を帯の上線にあててヒダを固定したら、背中で結びます

9 倒して整える

靴紐の上部分を下向きに倒して広げ、形を整えます

10 帯②をたたむ

帯②は、端から7〜8cm 幅で屏風だたみしていきます

11 帯締めで固定

同じように縦にして少し広げてから、帯締めをあてて固定し、背中で仮結びします

12 ヒダを整える

２つの帯のバランスをみながらそれぞれのヒダを整えます

13 完成！

まわりっ子ごと背中にまわし、靴紐を帯の中にしまい、帯締めを結び直して完成。クリップは外さなくてOK

TEAM HABAHIRO

30 プリーツスカート

いつものパタパタ、留める位置を変えたらプリーツスカートになりました。生地によってイメージがガラリと変わりそう。

1 巻きはじめ

帯は半分幅に折り、右胸下あたりでまわりっ子にクリップで留めて、巻きはじめます

2 1周巻いて締める

1周巻いたら左手はクリップの脇、右手は右脇で帯の下側を持ち、しっかり締めます

3 クリップを留め直す

そのままセンターまで帯をかぶせたら、下側からまわりっ子ごとクリップを留め直します

動画はこちら

使うもの

- 兵児帯
- まわりっ子
- クリップ1つ
- 伸びる靴紐

帯の特徴

特徴：伸縮性のあるナイロン生地
全長：約440cm
出身：自作

4 根元から屏風たたみ

帯を広げたら、根元から5～6cm幅で屏風だたみしていきます

5 縦にしてあてる

帯先までたたんだら、縦にして帯のセンターにあてます

6 靴紐で固定

帯の上線位置で、縦にした帯の上から4cmくらいに靴紐をあてて固定し、背中で仮結びします

7 形を整える

靴紐の上部分は下に倒し、下部分は台形にみえるように少しずつヒダを広げて整えます

8 帯をまわす

脇に引っかかって形が崩れないよう、右脇をしっかり上げてまわりっ子ごと背中にまわします

9 完成！

靴紐を結び直して帯の中にしまったら、完成です。クリップは外さなくてOK

TEAM HABAHIRO

帯結ばない／チーム幅広／兵児帯

31 スワンペプラム

動画はこちら

うさこまちゃん（@usagikomachi）考案のアレンジ。白鳥のようにふんわり広がるペプラムが可愛すぎます。

使うもの

- 兵児帯
- まわりっ子
- クリップ1つ
- お太鼓止めクリップ
- 仮紐（腰紐）
- 帯締め（Kimono163の魅せ腰紐を使用）

帯の特徴

特徴：1枚仕立て
リバーシブル
全長：約428cm
出身：「TSUBAKIAN」
@tsubakian_mami

1 帯は輪を上にする

帯は半分幅に折り、輪を上にして使います

2 巻きはじめ

帯の長さ真ん中部分を測り、センターで上からまわりっ子ごとクリップで留めて、巻きはじめます

3 1周巻いて締める

1周巻いたら左手はクリップの脇、右手は右脇で帯の下側を持ち、しっかり締めます

4 お太鼓止めクリップで留める

そのまま帯をかぶせたら、センターの下側をまわりっ子ごとお太鼓止めクリップで留めます

5 クリップを留め直す

左側の帯が戻らないように、左脇でクリップを留め直しておきます

6 上側の帯をパタパタ

上側にある帯をパタパタしていきます

7 縦にして固定

帯先までパタパタしたら、縦にして帯にあて、仮紐（腰紐）で固定し、背中で仮結びします

8 ヒダを広げる

崩れないように気をつけながら、ヒダを少しずつ広げていきます

9 下側の帯もパタパタ

下側の帯を左脇で広げ、こちらもすべてパタパタしていきます

10 帯締めで固定

帯先までパタパタしたら、縦にしてヒダの上に重ねてあて、帯締めで固定し、背中で仮結びします

11 ヒダを整える

上側のヒダを下向きに倒して、バランスをみながら広げて形を整えます

12 まわして仮紐を抜く

クリップを外しまわりっ子ごと背中にまわしたら、7で結んだ仮紐を抜きます

13 完成！

帯締めを結び直して完成です

TEAM HARAHIRO

32 スワロウ結び

動画はこちら

東海着物女子のmiiさん(@mii_00319)が考案。つばめのような尻尾が可愛いアレンジです。

使うもの

- 兵児帯
- まわりっ子
- クリップ1つ
- お太鼓止めクリップ
- 三重紐
- 仮紐(腰紐)
- 帯揚げ
- 帯締め(Kimono163の魅せ腰紐を使用)

帯の特徴

特徴:やわらかい
　　　1枚仕立て
全長:約440cm
出身:「ろっこや」
　　　@roccoya_official

1 巻きはじめ

左手側の帯を60cmほど測り、肩にのせ、まわりっ子に下側からクリップで留めて巻きはじめます

2 1周巻いて締める

1周巻いたら、左手はクリップの脇、右手は右脇で帯の下側を持ち、しっかり締めます。クリップは外してOK

3 お太鼓止めクリップ&三重紐

帯の上側をお太鼓止めクリップで留め、肩から帯を下ろし、三重紐をあてて背中で仮結びします

4 短い方を屏風だたみ

短い方の帯を、4〜5cmの幅で帯先から屏風だたみします

5 三重紐に通す

たたんだ帯は、まず三重紐のいちばん外側のゴムに通し、次に2番目のゴムに通します

6 箱ヒダを作る

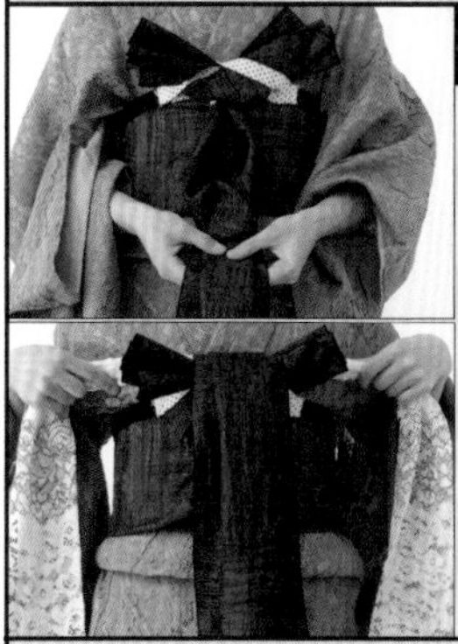

長い方の帯は両端を折り込んで箱ヒダを作り、帯揚げをあてて**5**の羽の上にのせ仮結びします

7 長い方をたたむ

長い方の帯は帯上から50cmくらいを測り、残りの部分を屏風だたみしていきます

8 たたんだところ

帯先までたたんだら、ヒダが崩れないようにキープします

9 仮紐で固定

ヒダを縦にして仮紐をあてて固定し、背中で仮結びします

10 残りをかぶせる

残しておいた50cmの部分をヒダの上からかぶせます

11 帯締めで固定

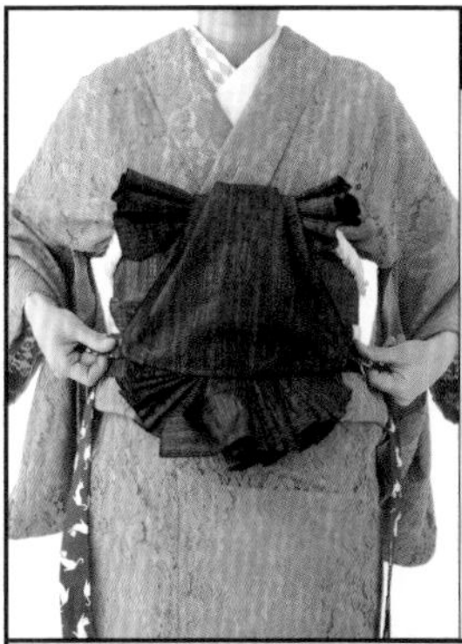

かぶせた輪の中に帯締めを通して固定したら、背中で仮結びします

12 ヒダを整える

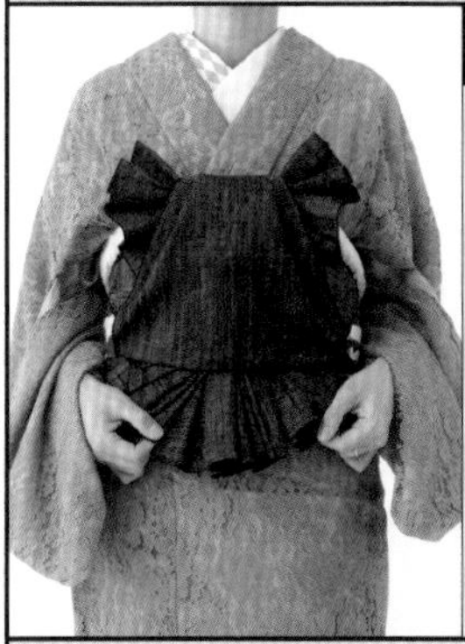

ヒダを広げて整えます

13 完成！

まわりっ子ごと背中にまわし、仮紐を抜いたら、帯揚げ、帯締めを結び直して完成です

着物で7days着まわし

1枚の着物が私をいろんな世界へいざなってくれます。
着物のコーディネートを考えるのが大好きです。

フリル・フリフリ・リボン

レフ板半衿でキランキラン

今日はイイ魚、入ってる〜？

グリーンが織りなすストーリー

みどりとピンクが好きすぎて

シックなお母さんコスプレ

ワンピじゃないんですのよ

緑、黄緑、青緑といろんな緑を混ぜてみました。帯は「前プリーツずらし太鼓」。ぺたんこなので、観劇にもぴったりです。

腰紐をした後に、風呂敷裾よけを巻いてみました。帯位置低め、衿合わせも深くして粋な雰囲気に。帯は「手先なし銀座」。

半衿、帯、草履、アクセをシルバー系に統一。レフ板効果で顔色明るく見えるかな？帯は「すべり台」。

ペチスカートとの組み合わせは、おはしょりを長いままにしてペプラム風に。帯は「手先なし銀座」。

着物の着こなしは無限！
あなたもレッツトライ！

着物スカートにして、キルティングの自作帯を巻きました。ちょっとドレッシーだけどワンピを羽織って自分風味に。

袋帯はゴールド、半衿と草履は白系にしたオケージョンコーデ。「まわさない二重太鼓」できちんと感を演出。

大好きな色合わせ。帯は「前プリーツずらし太鼓」で、さらに帯揚げをのっけ盛りしました。足元は「帯ブーツ」。

ayaayaだって帯結びます

結んでも、結ばなくても、可愛ければいいじゃない。

新作帯結びを3パターンご紹介します♪

輪っか結び

どうやってるの？と聞かれること間違いなしの、不思議な帯結び。

使うもの

・半幅帯
・まわりっ子

着物／大塚屋で買った生地で仕立てたもの
半幅帯／船場センタービルのどこか

1 巻きはじめ

左手側の帯を50～60cmほど測り、センターにあて、巻きはじめます

2 1周巻いて締める

1周巻いたら、左手は巻きはじめの位置、右手は右脇で帯の下側を持ち締めます

3 折って細くする

巻いてきた帯の上下を折って幅を細くします

結

上の帯をかぶせて、右上に引き抜くように結びます

5 帯を半分幅に折る

長い方の帯を半分幅に折ります

6 輪っかを作る

帯を幅40cmくらいに折り、真ん中を持って2つの輪っかにします

7 もう1つ輪っかを作る

残りの帯はくるっと巻いて、もう1つ輪っかを作ります

8 輪っかに通す

引き抜いた方の帯を上の輪っかに上から通します

9 引き抜く

通した帯を上に引き抜きます

10 帯下に引き抜く

引き抜いた帯を、まわりっ子と巻きつけた帯の間に入れ込み、下から引き抜きます

11 余りをしまう

下から引き抜いた余りを折り上げて、帯の中にしまいます

12 完成！

まわりっ子ごと背中にまわしたら完成です

ayaayaだって帯結びます

リボンのっけ盛り

リボンの上にフリフリをのっけた盛りアレンジ。

使うもの

- 半幅帯
- まわりっ子
- 伸びる靴紐
- 帯揚げ

着物／「姉妹屋」
@kimonoshimaiya
半幅帯／楽天

1 巻きはじめ

左手側の帯を70～80cmほど測り、センターにあてて巻いていきます

2 1周巻いて締める

1周巻いたら、左手は巻きはじめの位置、右手は右脇で帯の下側を持ち締めます

3 折って細くする

巻いてきた帯の上下を折って幅を細くします

4 結ぶ

上の帯をかぶせて、右上に引き抜くように結びます

5 長い方をたたむ

下側に垂れた方の帯を横向きにして40cm幅くらいの屏風だたみにします

6 リボンを作る

真ん中を谷折り、その両脇を山折りにしてリボンの形にします

7 上からくるむ

引き抜いた方の帯で、上からリボンの真ん中をくるみます

8 引き抜く

くるんだ帯を下から上に引き抜きます

9 ギャザーを寄せる

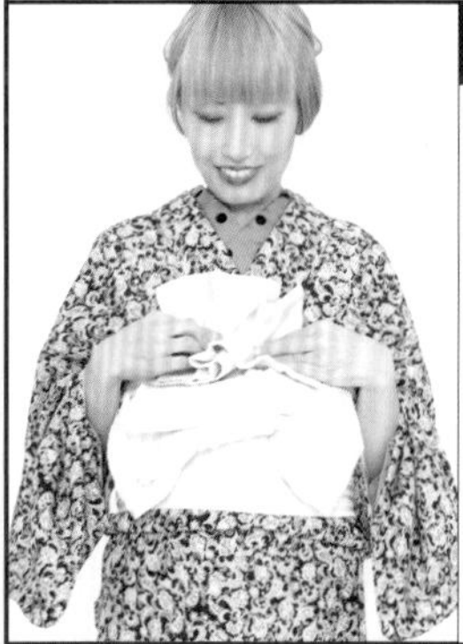

引き抜いた残りの帯を横に向けてギャザーを寄せます

10 靴紐で固定

伸びる靴紐をギャザーにあてて固定したら、背中で結びます

11 帯揚げをたたむ

帯揚げは縦半分幅にたたみます

12 全部パタパタする

半分幅ですべてパタパタします

13 靴紐に挟む

パタパタした帯揚げを靴紐に挟みます

14 パタパタを広げる

ギャザーと挟んだ帯揚げを広げて整えます

15 完成！

まわりっ子ごと背中にまわし、靴紐を帯の中にしまったら完成です

ayaayaだって帯結びます

お花結び

子ども兵児帯で作ったお花の中心部を、
帯の花びらが囲んでいるイメージです。

1 巻きはじめ

左手側の帯を30～40cmほど測り、センターにあてて巻きはじめます

2 1周巻いて締める

1周巻いたら、左手は巻きはじめの位置、右手は右脇で帯の下側を持ち締めます

3 折って細くする

巻いてきた帯の上下を折って幅を細くします

4 結ぶ

上の帯をかぶせて、右上に引き抜くように結びます

5 もう1回結ぶ

もう1回しっかり結びます

6 長い方を巻きだたみ

長い方の帯を帯先から25cmくらいの幅で巻きだたみします

使うもの

- 半幅帯
- まわりっ子
- 子ども兵児帯
（帯揚げやスカーフでも◎）
- シリコンゴム
- 伸びる靴紐

着物／ハイカロリイオトメ
@highcaloryotome
半幅帯／さか利や
兵児帯／子どもの浴衣についていたもの

7 縦にしてあてる

たたんだ帯を縦にして帯にあてます

8 靴紐で固定

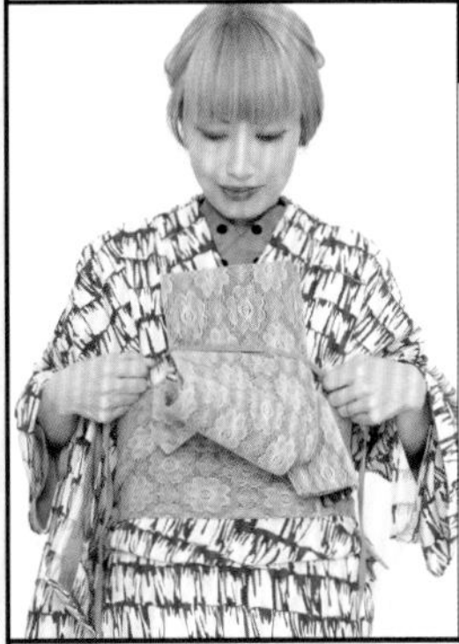

伸びる靴紐を帯の上線にあてて固定し、背中で結びます

9 広げて整える

たたんだ部分を広げて花びらの形を作ります

10 兵児帯をパタパタ

兵児帯を端からパタパタしていきます

11 ゴムで留める

すべてパタパタしたら真ん中をシリコンゴムで留めます

12 靴紐に挟む

パタパタした兵児帯を靴紐に挟みます

13 整える

兵児帯、半幅帯ともに整えてお花の形にします

14 完成！

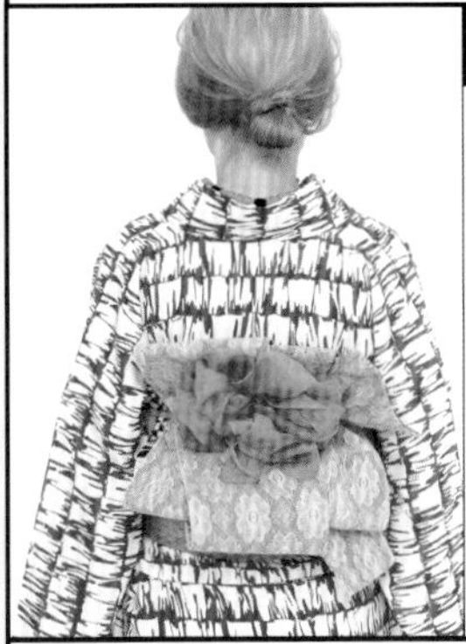

まわりっ子ごと背中にまわし、靴紐を帯の中にしまったら完成です

「#着付け教室ayaaya's自慢の生徒さん」の帯結ばない特集をご紹介！

@saaaaatopu

@qumicocco

@harumi__yukawa

おわりに

最後に少しだけ、私の人生と着物についてお話しさせてください。

私は要領が悪く、一生懸命だけれど常に空まわり、いじられキャラのターゲットにされてしまうような子どもでした。人に流され、部活も親友がいるからという理由で選んでいました。短大は幼児教育関連へ進みましたが、実は進路の冊子に載っていた心理テストで選んだんです。今考えると大事な将来なのに……笑えますよね。

短大時代はとにかく服が好きで『JJ』『CanCam』『ViVi』など、あらゆる雑誌を読んで、いろんなテイストに手を出していました。ドレスを着た

@usagiphoto.ualo

@gminimum

@yumi37342

@sais_

@sakasanikazoete

@annalovesspicaandsimba

いがために、北新地でバイトしてみたこともあるほどです。短大を卒業し幼稚園の先生になりましたが、そのときに学んだ造形や幼児絵画の知識が今の着物コーディネート、特に色合わせに役立っています。

社会に出てもまだ、自分に自信が持てていませんでした。というのも、結婚を機に幼稚園を辞めて別の保育園に勤めたのですが、いろんな環境がしんどくなってしまって……。それを相談すると「どうせまた人間関係が原因で辞めると思うし、あなたは変わらないと思う」と言われたのです。案の定、次に就職した会社も合いませんでした。「やっぱり私の性格が問題なんだ、私は何もできない人間なんだ」。そのときは、自分自身を否定する言葉しか出てきませんでした。

@yuri_goto0209

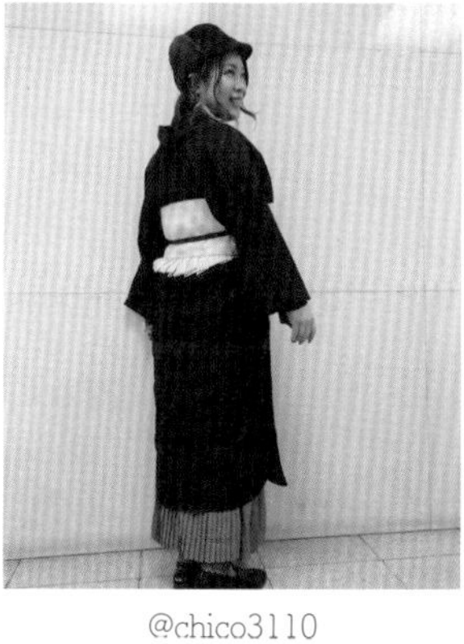

@chico3110

@tyltyl.u_ko

@aka_ch09

@mansikka1515

@m.i.sutton

そんな私を救ってくれたのが、近所のおばさまでした。明るい声で話しかけてくれた彼女に「私また今の職場を辞めるんですよ。知り合いにもどこに行っても一緒と言われたし、私は何をしてもできない人間なんですかね」とすがりつくと、彼女はこう言いました。「大丈夫、あなたに合う場所を見つけるまで辞めたらいいのよ。あなたが心の底から楽しめる、居心地のいい仕事が絶対に見つかるから。それまでいくらでもお辞めなさい」と。

このときはまだ誰も、私自身も、着物の先生になるなんて知らなかったのです。

おばさまの声に助けられた私は、居心地のよい職場にも恵まれ、仕事にはげんでいました。その後、家で教室をはじめたくて着付けを習うことにしまし

@annco_mama

@nugaaar

@yumisuteko

@shinobun_kimono

@hi_tomi_ton_

@ema.7777

@ritakoma_a

た。着付け学院ではいろんな技術と知識を教えていただきましたが、まだ自分の着物スタイルには出合えずにいました。

ある日、ヒメノルミちゃんの着物ガレージセールに行き衝撃を受けました。彼女は私にこう言ったのです。「私、草履持ってないよ」。

そのときが運命の出会い、そして着物に恋に落ちた瞬間でした。ルミちゃんは小物作家、そして着付け講師になるまで背中を押してくれたのです。彼女は私にとって永遠の師匠です。

ところが着付け教室をはじめても生徒さんは数人しか集まりません。そのとき厳しくも的確なアドバイスをしてくれたのが叔母でした。やみくもに書いていたブログをお客さまや生徒さんの

@daihukukatai
twitter

@yoshimitantakatan

@05kimono
twitter

@mai_kimono

@riricocococo

@ophelia_chk

目線に変えてみること。ほかにも数々のアドバイスを受け、だんだんと生徒さんが来てくれるようになりました。

その後、技術をもっと上げたいと門を叩いた物部玲子先生からも、花嫁着付けなどたくさんのことを学びました。他装の技術もここでグンと伸びたように思います。

そして２０１８年。次女を妊娠中に考案した「#帯結ばない帯結び」が、朝日新聞に載るなど話題になり、本を出すチャンスがやってきました。産後まもなくのこと、そして全くの未経験の本作りでしたが、とにかく今出せるものをすべて出す気持ちで挑みました。それが多くの皆さまへ届いたこと、改めて感謝しかありません。

なんの取り柄もないと落胆していた自

@trico_kimono

@risa_aloha24

@tae.kimono

@manaka_mnk1

@e7boo

@mie5730

分が新しい世界に立てたこと。それは今まで私に呆れず教えてくれた師匠や、近所のおばさま、叔母、生徒さん、フォロワーの皆さまのおかげです。さらに本を一緒に作ってくださった編集の田辺さん、ライターの橘川さん、デザイナーの荻原さん、撮影は前作の森嶋さん、今作の竹村さん、そしていつも私を支えてくれている夫と娘たち、両親、妹たちの的確なアドバイスにも感謝の言葉を贈りたいです。

さぁ皆さま、これからも、笑いながら、命の鐘が鳴り響くかぎり、一緒に、自分のスタイルを楽しんで、着物と恋していきましょうね！

２０２３年６月

ａｙａａｙａ

皆さまへ愛を込めて

Aさん

@amoremegumi

めぐさん

P2-3
着物／@kimono_shinei　半幅帯、半衿、帯揚げ／すべて@ayaayaskimono　裾除けにしたスカーフ／@kimonoanneofficial の付録　シューズ、ソックス／ともにヴィヴィアンウエストウッド　ヘッドドレス／@floor_vintage_clothing　ピアス／@feather.2018　バッグ／メルカリ

P4-5
着物／@nakamurasenba　ブラウス／@merlotcamp　半幅帯／@aya_barairo　足袋ソックス／@kutsushitaya_official　草履／@sakuken309　イヤリング／@beatboutique_　バッグ／@himenorumi

協力／大衆酒場 どんがめ 大阪駅前第3ビル
大阪府大阪市北区梅田1-1-3 大阪駅前第3ビルB1
050-5492-8859
@dongame_osaka_eki.bld3

P6-7
着物／誂え(生地は@otsukayanetshop)　帯、帯揚げ／大塚屋の生地で手作り　草履／@sakuken309 ヘッドドレス／@_avalez_　イヤリング／@akanesato39　バッグ／@floor_vintage_clothing　手袋／岡本商会

協力／cafe太陽ノ塔 GREEN WEST
大阪府大阪市北区中崎西2丁目4-36
06-6131-4400
https://taiyounotou.com/

P8-9
着物／@u_shino2014 さんからの頂き物　兵児帯／@mikisakura11　足袋ソックス@tutuanna_official　シューズ／ジェフリー・キャンベル　ピアス／@maka_f　バッグ／@floor_vintage_clothing

第1弾の出版記念パーティーを
生徒さんたちが開いてくれました♡

『帯結ばない帯結び』
¥1,400（税別）
TAC株式会社
第1弾も大絶賛発売中です♡

ayaaya

1980年生まれ・愛媛県出身・さそり座。
幼稚園教諭として働いた後、結婚後に着付け教室へ通い師範免状を取得。2013年より自宅にて「着付け教室ayaaya's」を開始。着付け指導のほか、イベント開催やオリジナルの和装小物の企画・販売なども手がける。初の著書『帯結ばない帯結び』が好評を得、ロングセラーとなる。

HP：http://kimonolesson.net/
Twitter・Instagram：@ayaayaskimono
YouTube：https://youtube.com/@ayaayaskimono

装丁・本文デザイン　荻原佐織（PASSAGE）
取材・文　橘川麻実
撮影　竹村麻紀子
編集　田辺真由美（TAC出版）

帯《おび》結《むす》ばない帯《おび》結《むす》び 2
2023年6月20日　初版　第1刷発行

著者　ayaaya
発行者　多田敏男
発行所　TAC株式会社　出版事業部（TAC出版）
〒101-8383　東京都千代田区神田三崎町3-2-18
電話　03(5276)9492（営業）
FAX　03(5276)9674
http://shuppan.tac-school.co.jp
印刷　株式会社 光邦
製本　株式会社 常川製本

落丁・乱丁本はお取替えいたします。

ISBN 978-4-300-10581-8
N.D.C. 593